14-24Jahre.com

Liebe

Liebe Heike,

seien Sie

positiv!

[illegible] Schroeder

2008

Ohne Ziel sind alle Wege falsch.

Carl Schroebler

14-24Jahre.com

Studien- & Berufswahl leicht gemacht

Illustration
Tatyana Marchenko

Blue Palm Books S.L.
The beachside publisher

Besuchen Sie uns im Internet:
www.14-24Jahre.com
www.blue-palm-books.com

Ausgabe
Mai 2007

Carl Schroebler
MARBELLA - SPANIEN
ISBN -10: 3-00-018821-5
ISBN -13: 978-3-00-018821-3

Inhalt

Vorwort

Wenn du dein Leben so einrichten willst, dass die Arbeit nur ein notwendiges Übel zum Geldverdienen ist und dein wirkliches Leben erst nach Feierabend beginnt, dann hast du das falsche Buch in der Hand. Lege es einfach wieder weg. Ich wünsche dir einen Job, bei dem du wenig arbeiten musst, viel verdienst, und dass in deiner Freizeit immer die Sonne scheint.

Sollte es dir allerdings nicht einmal im Traum einfallen, dein ganzes Leben nur auf den Feierabend und den Zahltag zu warten, dann solltest du vielleicht weiter blättern. Dieses Buch gibt dir das Werkzeug in die Hand, wie du über deine ganz persönlichen Interessen zu deinem Beruf findest und wie er sich mit deiner Freizeit zu einem harmonischen Ganzen verbindet.

Daraus ergibt sich zwangsläufig, dass du im Mittelpunkt dieses Buches stehst. Deshalb geht es hier nicht nur um den engen Begriff der Studien- & Berufswahl, sondern auch um die Frage, wie du deinen Weg im Leben findest.

Aber ist das nicht viel zu kompliziert, wenn schon die Berufswahl so schwierig ist?

Die Studien- & Berufswahl ist in der Tat nicht einfach. In Deutschland gibt es 9.180 Studiengänge[1] und im Jahr 2004 kamen 246 Bachelor- und 53 Diplom-Studiengänge neu dazu[2]. Dann sind seit 1998

---

[1] www.hochschulkompass.de 15.08.2004
[2] Hochschulrahmenkonferenz 30.06.2004

insgesamt 161 neue Lehrberufe entstanden, in denen heute bereits die Hälfte aller Lehrlinge ausgebildet werden [3].

Berufsbilder und Studiengänge verändern sich also kontinuierlich und deswegen ist es viel sinnvoller, nicht den Beruf in den Mittelpunkt unserer Suche zu stellen sondern uns selbst. Erst wenn wir wissen, was wir von unserem Beruf erwarten und wie wir ihn harmonisch mit den Interessen unserer Freizeit verbinden können, sind wir in der idealen Position, das Studium oder den Beruf auszuwählen, die wirklich zu uns passen.

Aber wie wissen wir denn, was wir wollen, wenn uns viele Berufe interessieren, wir viele Hobbys haben und wir dazu noch von allen Seiten gutgemeinte Ratschläge erhalten?

Genau darauf soll dieses Buch Antwort geben.

In den einzelnen Kapiteln werden wir uns gemeinsam anschauen, wie wir dein Schiff auf Kurs bringen. Ich bin dabei nur der Navigator, der dir dein Schiff erklärt und dich durch Flüsse, Seen und Meere leitet. Du entscheidest, wo wir uns etwas länger aufhalten oder wo wir gleich weiterfahren. Und mit den gemachten Erfahrungen wählst du dir am Ende unserer Reise deinen eigenen Kurs, das heißt deinen Weg im Leben, selbst aus.

---

[3] Bundesministerium für Bildung und Forschung 14.07.2004

Du bist also immer der Kapitän auf unserer gemeinsamen Reise, denn es geht hier um dich und um deine Zukunft.

Bevor wir allerdings die Segel setzen, möchte ich noch ein Wort an die weiblichen Leser richten. Wie du schon gesehen hast, wähle ich nicht die gesellschaftlich korrekte Form und schreibe KapitänIn, BerufsberaterIn, LeserIn etc.

Erstens gefällt es mir nicht, und zweitens bin ich der Meinung, dass es auf den Inhalt ankommt. Wenn du dich durch die von mir gewählten Themen nicht angesprochen fühlst und sie dir bei deiner Studien- & Berufswahl nicht helfen, dann ist das Buch für dich auch dann wertlos, wenn ich die korrekte Form LeserIn benutze.

Ich kann dir allerdings versichern, dass mir die weiblichen Leser genauso wichtig sind wie die männlichen und ich hoffe, das spürst du auch.

Aber da ist noch eine Sache. Dieses Buch ist für den gesamten deutschsprachigen Raum geschrieben, da die Probleme der Studien- & Berufswahl überall gleich sind. Ich beziehe allerdings viele Zahlen aus Deutschland, da ich dort die meisten Einblicke habe. Über diese Einseitigkeit bin ich nicht glücklich, denn ich habe auch in Österreich und in der Schweiz sehr viel Unterstützung für mein Buch erhalten. Die Berufsberatung hat in beiden Ländern ein sehr hohes Niveau, die statistischen Unterlagen sind vom Feinsten, und die größte deutschsprachige Berufs- & Studienmesse findet sowieso in Wien statt.

In der, in einigen Jahren zu erwartenden neu bearbeiteten Auflage dieses Buches, werde ich deshalb von der Schatzkiste beider Länder wesentlich mehr Gebrauch machen. Zwischenzeitlich verweise ich auf die Linkliste, in der beide Länder seit Anfang an vertreten sind.

Ich wünsche uns eine interessante Reise zu deinem Traumberuf.

Marbella, September 2006

Dankeschön

Auch Bücher haben ihren Lebenslauf. Die allermeisten bleiben als Wunsch im Kopf hängen, wenige schaffen es bis zum fertigen Manuskript, und die allerwenigsten erreichen das Bücherregal. Ich hatte Glück, man hat mir sehr viel geholfen, das Buch steht im Regal, und dafür möchte ich mich bedanken.

Ohne die beiden Diplomingenieure cand., Herrn Dominik Lange und Herrn Stephan Wäsche, wäre das Buch nie entstanden. Beide hatten mir so lange Löcher in den Bauch gefragt, wie man seinen Weg im Leben findet, dass ich mich entschloss, ein Buch darüber zu schreiben.

Die Weggenossen meiner beiden ersten Bücher, Herr Dipl.-Ing. Anton Tienes und Frau Susanne Keller-Jochems, standen mir auch dieses Mal wieder mit Rat und Tat zur Seite. Herr Tienes im Bereich der IT-Technik und Frau Keller-Jochems zusammen mit ihrem Mann, Herrn Dipl.-Päd. Volker Jochems, als Ideenspender und wertvolle Kritiker. Herr Dr. Bernd Soerensen gab mir auch dieses Mal wieder wertvolle Ratschläge für den Bereich Schulwesen.

Dann hatte ich das große Glück, dass sich Frau Elke Schröder für das Projekt interessierte und die Erfahrung eines ganzen Lehrerlebens einbrachte. Frau Schröder weiß den Rotstift zu bedienen, und wenn ich abzuschweifen drohte, brachte sie mich immer wieder zum Thema zurück.

Frau Carmen Goya hat zusammen mit ihrer Mutter Korrektur gelesen und ebenfalls ihre Erfahrung als Kinder- und Jugendtelefonseelsorgerin („Nummer gegen Kummer“) eingebracht.

Die beiden Lektorinnen Frau Tatjana Bogdan und Frau Gabi Berner haben aus dem Manuskript ein Buch gemacht, wie ich es mir schöner nicht wünschen konnte.

Nicht vergessen möchte ich auch die vielen jungen Menschen, mit denen ich diskutieren durfte und die für viele Themen in diesem Buch den Anstoß gaben.

Auch die Berufsinformationszentren (BIZ) in Deutschland, Österreich und der Schweiz waren sehr hilfreich. Die Berufsberater hatten immer ein offenes Ohr für meine Wünsche. Ganz besonders möchte ich Frau Dr. Heidi Hudabiunigg vom Landesschulrat Steiermark für die sehr freundschaftliche Unterstützung erwähnen.

Last but not least, Frau Tatyana Marchenko. Sie hat alle Zeichnungen angefertigt. Ich brauchte ihr nur etwas Text vorzulesen, und schon fielen ihr dazu die passenden Bilder ein, die sie auf so wunderbare Weise zu Papier brachte.

Euch allen ein großes Dankeschön.

Für alle noch verbleibenden Fehler jeglicher Art bin alleine ich verantwortlich.

1. Kapitel

Abflug

- Das Leben ist nicht nur Arbeit
- Wir und die Gesellschaft
- Dürfen wir zuerst an uns denken?
- Erst sich selbst kennen lernen
- Das Beste aus sich machen

Abflug

In den nächsten vierzig Jahren wird unser Tagesablauf erheblich von unserer beruflichen Tätigkeit geprägt sein. Deshalb ist es wichtig, den Beruf zu wählen, der unsere Interessen und Fähigkeiten berücksichtigt und der uns vor allem Spaß macht.

Da wir diesbezüglich in Kürze eine Entscheidung treffen müssen, werden wir die Fragen der Studien- & Berufswahl in diesem Buch vorrangig behandeln.

Aber es geht um viel mehr. Der Beruf ist nur Teil unseres Lebens, denn wir haben schließlich auch noch unsere Freizeit. Erst wenn wir diese beiden Teile zu einem harmonischen Ganzen verbinden, werden wir ein zufriedenes und ausgefülltes Leben führen.

Deshalb werden wir weder den Beruf noch die Freizeit in den Mittelpunkt unserer Betrachtungen stellen, sondern uns selbst. Erst wenn wir wissen was wir wollen, suchen wir uns den Beruf aus, der zu uns passt und der sich mit unseren Freizeitinteressen vereint.

Das ist vielleicht ein kleiner Umweg, aber wir kommen damit schneller und sicherer an unser Ziel, als nur auf die Berufe zu starren und dabei unser Leben zu vergessen.

Wenn wir uns selbst in den Mittelpunkt stellen, dann haben wir auch mehr Mut, für uns selbst zu entscheiden. Das ist wichtig, denn die allermeisten Entscheidungen über die Berufs- & Studienwahl sind sehr stark von unserer Familie, dem Freundeskreis, der Schule und Modeberufen beeinflusst, sind also Fremdentscheidungen.

Wir merken erst viel zu spät, dass wir doch besser für uns selbst hätten denken sollen. Die hohen Abbruchquoten an den Hochschulen und bei den Lehren sprechen hier eine deutliche Sprache. Von den vielen unzufriedenen Gesichtern auf dem Weg zur täglichen Arbeit wollen wir gar nicht sprechen.

Dieses Buch soll dir also helfen, dein ganz persönliches Lebensziel zu finden. Dafür ist keinerlei spezielles Wissen erforderlich; es reicht völlig aus, wenn du Interesse an deiner eigenen Zukunft hast. Den Rest machen wir gemeinsam.

Da wir über dieses Thema einige Seiten zusammen sein werden und Spaß miteinander haben wollen, sollten wir uns etwas besser kennen lernen. Vielleicht sollten wir auf Reisen gehen, denn dabei lernt man Menschen sehr gut kennen.

Wenn du einverstanden bist, können wir sofort losfahren.
Wir werden zuerst unsere Position zur Gesellschaft betrachten und danach uns selbst etwas besser erfor-

schen. Dazu werden wir ins Flugzeug steigen, denn von oben haben wir einen besseren Überblick.

„Aber hat das wirklich etwas mit einer erfolgreichen Berufs- & Studienwahl zu tun?“ wirst du vielleicht einwenden.

Sehr viel sogar.

Obwohl diese Betrachtung weit über diese enge Frage hinausgeht, ist sie so wichtig wie der Sauerstoff zum Atmen. Wir müssen uns einfach erst einmal etwas orientieren, damit wir wissen, wo wir stehen und welche Möglichkeiten wir haben. Denn wer seine eigenen Möglichkeiten nicht kennt, kann sie auch nicht zu seinem Vorteil nutzen. Es ist wie beim Handy: Wer seine eigene Nummer nicht kennt, wird auch nicht angerufen.

Was unsere Beziehung zur Gesellschaft betrifft, so ist sie deshalb wichtig, weil wir ein Teil davon sind und fortlaufend mit ihr konfrontiert werden. Nur wenn wir die Regeln dieser Wechselbeziehung kennen, ist es möglich nicht deren Spielball, sondern deren selbstbestimmendes Mitglied zu werden. Genau wie im Straßenverkehr müssen wir also wissen, wo wir Vorfahrt haben und wo wir Vorfahrt gewähren müssen.

Die Frage der Vorfahrt behandeln wir in diesem Kapitel, später schauen wir auf unsere „Handynummer.“

Aber jetzt genug der Vorrede, lass uns auf Reisen gehen, das Flugzeug wartet bereits.

Bitte anschnallen

Und schon sitzen wir in der Maschine und machen es uns gemütlich. Vor dem Take-Off werden wir über Sicherheitsvorkehrungen für Notfälle informiert. Natürlich haben wir uns das alles schon zigmal angehört, aber dieses Mal wollen wir besser aufpassen. Besonders der Teil über den Druckabfall in der Kabine über die Sauerstoffmasken interessiert uns. Meistens sieht man einen Film, in dem eine Mutter neben ihrem Kind sitzt, und plötzlich fallen die Sauerstoffmasken herunter.

Und was soll man damit tun? Erinnern wir uns?

Genau, zuerst soll man sich selbst die Sauerstoffmaske anlegen und erst danach seinem Nachbarn, in diesem Fall seinem Kind, helfen. Und warum diese egoistische Reihenfolge? Ganz einfach, würde man zuerst dem Kind helfen wollen, und es finge vielleicht an zu schreien oder sich zu wehren, dann könnte es sein, dass man durch Sauerstoffmangel selbst in Ohnmacht fiele. Das würde dann weder dem Kind noch der Mutter helfen, und die Stewardess hätte zwei Notfälle mehr. Deshalb soll man immer zuerst sich selbst und erst dann dem Nächsten helfen, selbst wenn es sich dabei um das eigene Kind handelt.

Ist diese klare Reihenfolge nur in Notfällen angebracht, oder ist sie auch für unsere Beziehung zur Gesellschaft anwendbar? Können wir uns in den

Mittelpunkt stellen und erst einmal für uns sorgen, um uns danach besser um die Anderen kümmern zu können?

Das ist ein heikles Thema. Hier sollten wir uns vielleicht etwas Rat holen.

Die Philosophen

Über das Verhältnis der Gesellschaft zum Individuum haben viele kluge Köpfe nachgedacht, uns interessiert allerdings nur die Geschichte mit der Sauerstoffmaske.

Hermann Hesse hat einen Artikel an die Jugend geschrieben und gibt folgenden Rat: „Ehe ihr euch um die Welt und ihre Umgestaltung kümmert, werdet reif und euch eurer Verantwortung bewusst."

Hier erkennen wir unsere klare Reihenfolge wieder und damit die Aufforderung, erst einmal selbst klar zu kommen, bevor wir anderen erzählen, was sie zu machen haben. Viel beginnt also bei uns selbst, und deshalb haben die alten Griechen auch „erkenne dich selbst" in den Tempel von Delphi einmeißeln lassen.

Aber da die Frage so alt ist wie die Menschheit, wundert es uns nicht, dass vor den Griechen bereits der chinesische Philosoph Laotse wusste: „Wer andere kennt ist weise, wer sich selbst kennt, ist erleuchtet."

Diese Beispiele könnten wir endlos fortsetzen und ganze Bibliotheken damit füllen, aber wir wollen bei der Berufs- & Studienwahl bleiben und uns nur merken, dass wir uns sehr wohl erst einmal um uns selbst kümmern dürfen.

Wie schnell die Zeit vergeht. Wir nähern uns bereits unserem Zielflughafen und sollen uns wieder anschnallen. Aber keine Hektik, wir haben noch genügend Zeit, um etwas beim Thema zu bleiben.

Deshalb wollen wir noch einen kurzen Blick in alte Bücher werfen.

Alte Bücher

Der Hinduismus teilt nicht nur in soziale Kasten ein, er gibt auch einen Leitfaden für den Lebensweg eines jeden Einzelnen. Im ersten Lebensabschnitt soll er lernen, dann eine Familie gründen, sich zurückziehen, wenn der erste Enkel kommt und zum Schluss als Einsiedler alle Bande zur Kaste und Familie abbrechen.

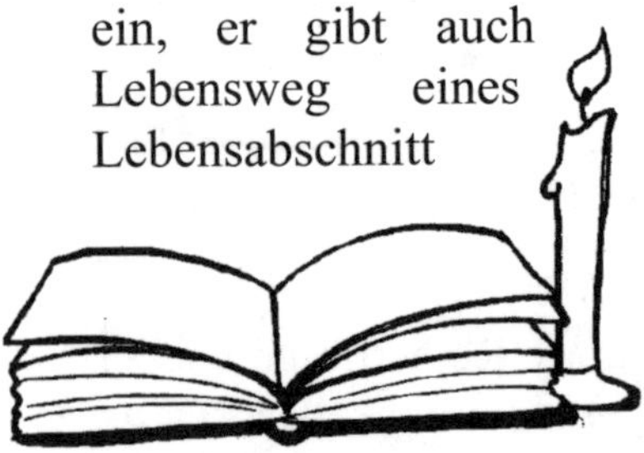

Auch hier soll also das Individuum erst einmal seine Interessen vertreten und reif werden, damit es später die Interessen seiner Familie vertreten kann.

Da es keine Religion ohne Menschen gibt, haben natürlich auch die Juden und die Christen sowie der Islam etwas zu diesem Thema zu sagen. Jede Religion sieht den Menschen als die Krönung der

Schöpfung an oder als Repräsentant Gottes auf Erden, wie es der Koran lehrt.

Aber wir wollen noch die interessante Meinung des 14. Dalai Lama, Buddhist und Friedensnobelpreisträger hören: „Der einzige Weg zur Selbstlosigkeit besteht darin, so schnell wie möglich selbst zur Erleuchtung zu kommen, um dem Anderen wirkungsvoller helfen zu können.“

Erinnert uns doch sehr an die Sauerstoffmasken, oder? Erst einmal sollen wir sie selbst aufsetzen, um danach unseren Nächsten besser helfen zu können. Dieser Ansatz ist also nicht nur für Notsituationen richtig, sondern gilt auch für unsere Beziehung zur Gesellschaft. Damit haben wir nun von den Philosophen und den Religionen die Erlaubnis erhalten, erst einmal für uns zu sorgen, damit wir danach in der Lage sind, Anderen zu helfen.

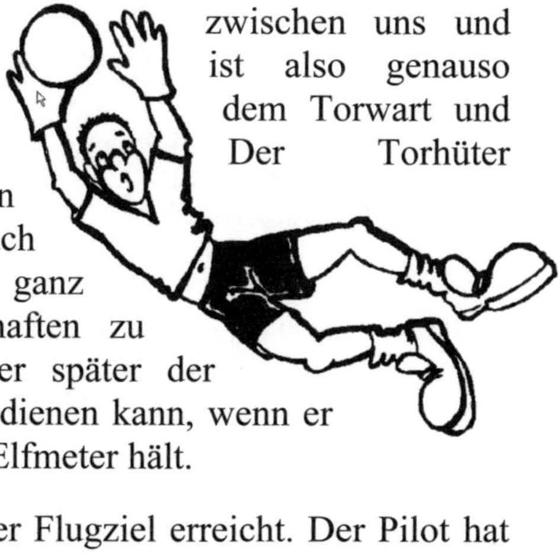

Die Beziehung zwischen uns und der Gesellschaft ist also genauso wie die zwischen dem Torwart und seiner Mannschaft. Der Torhüter absolviert sein Sondertraining auch nur, um seine ganz speziellen Eigenschaften zu verbessern, damit er später der ganzen Mannschaft dienen kann, wenn er zum Beispiel einen Elfmeter hält.

Aber nun ist unser Flugziel erreicht. Der Pilot hat bereits die Landeerlaubnis erhalten, und vom Flughafen bis zum See ist es nicht mehr weit. Dort wartet unser Segelboot, mit dem wir weiter in Richtung Studien- & Berufswahl segeln.

Welchen Kurs müssen wir nehmen, um ans Ziel zu kommen?

Das werden wir im nächsten Kapitel besprechen. Nach so viel Philosophie und Religion ruhen wir uns erst einmal etwas aus, denn wie heißt doch das russische Sprichwort: „Mische Tun mit Nichtstun, so wirst du nicht verrückt."

Zusammenfassung: Es kommt auf die Reihenfolge an. Erst geht es einmal um uns. Denn wenn wir glücklich sind, dann kommt auch mehr Glück in unsere Gesellschaft. Und erst, wenn die Gesellschaft dieses Glück spürt, entfaltet es sich auch vollständig in uns.

2. Kapitel

Ich bin die Mitte

- Wir entscheiden was läuft
- JA und NEIN sagen können
- Fremdeinflüsse erkennen
- Tolles Schulfach ist noch lange kein toller Beruf
- Freunde behalten
- Ziele verfolgen

Ich bin die Mitte

Im letzten Kapitel haben wir uns die Welt etwas von oben angesehen. Dabei wurde uns gesagt, dass wir ruhig erst einmal unseren Weg suchen sollen, und alles andere könne warten.

Hört sich gut an, aber funktioniert das auch im täglichen Leben? Sind wir denn wirklich so wichtig?

Es kommt auf die Perspektive an.

Von der Gesellschaft her gesehen natürlich nicht. Ob wir existieren oder nicht, interessiert wenig. Alle sind ersetzbar, auch wir. Und das ist gut so, denn wo kämen wir hin, wenn die Gesellschaft von einer einzelnen Person abhängig wäre.

Unsere Sicht

Von uns aus gesehen sieht es ganz anders aus. In unserer Welt hängt alles von uns ab. Wir sind es, die den Gang der Dinge direkt beeinflussen. Wir der Mittelpunkt, der Boss, der Macher. Wenn wir nicht wollen, passiert gar nichts. So ist es auch richtig, und deshalb müssen wir in unserer Welt die Zügel selbst in die Hand nehmen, denn wenn wir das anderen überlassen, dann sind wir nichts weiter, als kleine fremdgesteuerte Roboter.

Aber wie können wir die Zügel für unsere Welt in die Hand nehmen? Wir sind doch auch in unserer kleinen Welt Einflüssen ausgesetzt und von anderen Leuten abhängig.

Genau, aber diese Herausforderung müssen wir annehmen, wenn wir unser Leben maßschneidern wollen.

Um das zu erreichen, müssen wir uns selbst kennen, uns hören, uns fühlen, uns sehen, uns vertrauen, denn nur so können wir uns optimal entfalten. Nur, wenn wir die Besonderheiten unseres Wagens und die Möglichkeiten der Pferde kennen, landen wir nicht gleich im nächsten Graben.

Aber wohin sollen wir unseren Wagen lenken, wenn wir noch gar nicht wissen, wohin wir wollen? Gerade bei der Studien- & Berufswahl stehen wir kontinuierlich unter dem Einfluss unserer Umwelt, besonders dem unseres Elternhauses, unserer Freunde, der Schule, der Werbung und was noch auf uns einwirkt.

Richtig! Uns bleibt deshalb nichts anderes übrig, als unsere eigene Persönlichkeit zu entwickeln, oder wie wir es im vorherigen Kapitel schon angedeutet haben, uns unsere eigene Handynummer zu holen. Denn nur mit der eigenen Nummer unterscheiden wir uns von allen Anderen und werden dadurch zu einer Persönlichkeit.

Eine Persönlichkeit wird man aber nicht über Nacht, das ist ein Prozess, der Einsicht, Zeit und Wille voraussetzt. Die Einsicht verschaffen wir uns gerade, Zeit haben wir genügend und Willen ebenso. Also fangen wir an.

Eine Persönlichkeit erkennt man daran, dass sie ihren Weg geht, eine eigene Meinung hat, und auch den Mut aufbringt NEIN zu sagen wenn ihr etwas nicht passt. Wie schwierig das ist, hat Albert Camus erkannt und nannte einen, der NEIN sagen konnte, einen Revolutionär. Noch klarer drückte sich Pythagoras vor 2.500 Jahren aus: „Die kürzesten Wörter, nämlich JA und NEIN, erfordern das meiste Nachdenken.“

Und genau hier liegt der große Vorteil für uns, im Nachdenken. Kein Mensch auf der Welt kann uns das Denken verbieten. Hier bestimmen wir, es ist unser Kopf, die Gedanken sind frei, und wir nehmen uns auch diese Freiheit, denn es geht um unser Leben.

Selbst zu denken ist kein Zeitvertreib, sondern eine Notwendigkeit. Welch besseren Anwalt könnten wir für diese Einstellung finden als das Genie der Renaissance, den großen Leonardo da Vinci. Der hatte schon damals erkannt: „Wer wenig denkt, irrt viel.“

Nur nicht reinreden

Alles schön und gut, aber was heißt das jetzt im Klartext, hier und heute?

Ganz einfach. Nehmen wir die Beeinflussung unserer Eltern bei unserer Berufswahl. Dagegen ist grundsätzlich nichts einzuwenden. Unsere Eltern kennen unsere Talente, haben selbst genügend Lebenserfahrung und wollen das Beste für uns. Ob sie wirklich in der Lage sind, uns optimal zu beraten, ist eine ganz andere Frage. „Nichts hat stärkeren psychologischen Einfluss auf die Kinder, als die unerfüllten Leben der Eltern“, meinte Carl Jung.

Damit hat er in vielen Fällen bestimmt Recht, aber auch das Eigeninteresse der Eltern dürfen wir nicht unterschätzen. Gerade bei Eltern mit eigenem Geschäft kommt das sehr oft vor. Vielleicht haben sie eine Zahnarztpraxis, eine Möbelfabrik oder ein Hotel und sehen uns als ihren natürlichen Nachfolger.

So ein Angebot hat seinen Reiz, aber nur, wenn wir das auch wollen und uns das Leben unserer Eltern auch für uns vorstellen können.

Sollte das nicht der Fall sein, dann müssen wir uns gegen diesen Einfluss wehren. Das ist aber nicht immer einfach, wie es selbst der große Philosoph Schopenhauer erfahren musste. Er war als Sohn eines erfolgreichen Danziger Kaufmannes geboren und wollte aufs Gymnasium wechseln, was ihm sein Vater allerdings untersagte. Er musste eine Kaufmannslehre beginnen, die er erst dann abbrach, nachdem sein Vater gestorben war. Was er selbst nicht erreichen konnte, hatte das Schicksal für ihn erledigt. Jetzt konnte er endlich ins Gymnasium eintreten und seine akademischen Interessen befriedigen.

Aber selbst, wenn unsere Eltern weder unerfüllte Träume noch handfeste Eigeninteressen haben, ist eine Beratung gar nicht so einfach. In Deutschland werden jedes Jahr einige hundert neue Studiengänge eingerichtet, und von den zirka 360 offiziell anerkannten Lehrberufen werden auch nur die wenigsten gehört haben. Unsere Welt befindet sich in einem schnellen Wandel, da kann man im eingefahrenen Berufsalltag schon einmal die Übersicht verlieren. Dennoch sind wir über unsere Eltern einem Rieseneinfluss ausgesetzt, statistisch macht dieser um die 60% unserer Entscheidungsfindung aus. Das kann, wie gesagt, gut oder schlecht sein. Es hängt von der Qualität der Ratschläge ab, und was wir damit machen. Die Ratschläge können wir nicht beeinflussen, aber ob wir sie annehmen oder nicht, hängt allein von uns ab. Hier einige Beispiele:

- Meine Mutter hat mich zum Psychologiestudium überredet, ich wollte aber lieber Wirtschaft studieren.
- Ich lerne in der Firma, in der auch mein Vater arbeitet, dann kann er dafür sorgen, dass ich später übernommen werde.
- Die Statistiker sehen für Byzantinistik schlechte Berufsaussichten, deshalb studiere ich Ingenieurwissenschaften.
- Mir wurde eine gute Stelle angeboten, deshalb verzichte ich auf meine einjährige Asienreise.

Hier wurden die Ratschläge befolgt, hoffentlich geht es gut. Bei uns sollten in solchen Situationen alle roten Lampen aufleuchten. Werden wir hier vor den Karren anderer Leute gespannt, oder haben wir die

Zügel noch selbst in der Hand? Wer bestimmt eigentlich über unser Leben?

Aber nicht nur die Eltern beeinflussen uns, auch unsere Freunde haben laut einer Untersuchung einen Anteil von zirka 15% an unserer Studien- & Berufswahl. Genau wie bei den Eltern kann ihr Ratschlag gut oder schlecht sein. Das können wir ebenfalls nicht beeinflussen.

Wir sollten uns aber immer daran erinnern, dass unser Freundeskreis eine Zufallsgemeinschaft ist. Würden wir woanders wohnen, dann hätten wir auch andere Freunde und wären anderen Einflüssen ausgesetzt.

So war es bei Petra. Ihre Eltern sind von einer ländlichen Umgebung in die Stadt gezogen, und ihre neue Freundin war zufällig die Tochter eines Glasbläsers. In der Firma wurden Glasaugen und Christbaumschmuck hergestellt. Das faszinierte sie, denn es kam ihrer technisch-künstlerischen Neigung entgegen. Nach einem kurzen Praktikum hat sie dort ihre Lehre in der Richtung Kunstaugen begonnen und ist jetzt bereits im zweiten Lehrjahr.

Wir sind in unserer direkten Umwelt also sehr starken Beeinflussungen ausgesetzt. Wenn man das Elternhaus und die Freunde zusammennimmt, dann lassen wir uns dort zu zwei Drittel beeinflussen. Kein Wunder also, dass mehr als 50% ihre Lehre aus nur 10 Berufen auswählen[1], obwohl es an die 360 Ausbildungsberufe gibt. Dies ist ein klares Zeichen

[1] Lt. Herrn Kroiß von der Arbeitsagentur Mannheim wählen 80% aus nur 14 Berufen aus. (2004)

dafür, dass man die Zügel seines Lebens nicht selbst in die Hand nahm, sondern sich fremdsteuern ließ.

Bei den Studenten[2] sieht es nicht anders aus. An den Fachhochschulen studieren 70% in den beiden Fachgruppen Ingenieurwesen und Wirtschaft, und an der Universität studieren zwei Drittel in nur vier Fachgruppen.

Eigentore

Aber die Gefahren lauern nicht nur außerhalb, wir stellen uns auch sehr häufig selbst ein Bein. Aus reiner Bequemlichkeit treffen wir unsere Studien- & Berufswahl, indem wir uns genau für die Richtung entscheiden, die wir auch als Leistungskurs gewählt hatten. Das mag für die Schule die richtige Entscheidung gewesen sein, aber einen Beruf daraus zu machen, ist eine ganz andere Dimension, denn nur, weil man seine Katze liebt, ist das noch lange kein Grund, Veterinär zu werden. Aber viele entscheiden sich einfach so.

Dazu sollten wir wissen, dass weit mehr als die Hälfte der Schüler die vier Leistungskurse Mathematik, Englisch, Deutsch und Biologie wählt, und dass die Abbruchquote gerade bei den Sprachwissenschaftlern am höchsten ist. Dort brechen 41% ihr Studium ab, und weitere 32% wechseln den Fachbereich; das heißt, 73% haben sich erst einmal falsch entschieden. Die Mathematiker brechen zwar nur zu 12% ihr Studium ab, liegen aber mit 45% an der Spitze aller Fachbereichswechsler[3].

---

[2] Studien- & Berufswahl 2003/2004

[3] HIS-Studienabbruchuntersuchung 2002

Daraus können wir leicht erkennen, dass eine erfolgreiche Studienwahl gar nicht so einfach ist, und wir Recht hatten, uns etwas länger mit dieser Frage zu beschäftigen.

Wenn wir unser Leben selbst gestalten wollen, dann müssen wir über den Tag hinaus denken und den Mut aufbringen, uns auch einmal unkonventionell zu entscheiden. Uns steht die ganze Welt offen. Wir sind jung, wir haben unsere Träume, die Straße vor uns gehört uns ganz allein, sie ist endlos. Wir sollten die gute Gelegenheit nutzen und uns nicht selbst Zäune in unsere Zukunft stellen. Weg damit! Wir bringen einfach den Mut auf, unseren Gedanken freien Lauf zu lassen. „Wer das Absurde nicht denkt, wird das Ungewöhnliche nicht erreichen", sagte Einstein, und die Amerikaner sagen: „Think big", und meinen das Gleiche. Trauen wir uns einfach mal zu, richtig zu träumen. Alles beginnt mit einer Idee, ja, wir selbst sind dort entstanden.

Leider haben wir auf diesem Gebiet noch wenig Erfahrung und hängen etwas in der Luft.

Aber das geht allen so. Wir sollten es dennoch versuchen und mit uns nicht zu hart ins Gericht gehen, wenn wir hin und wieder unsere Meinung ändern. Das gehört einfach dazu. Man nennt das Reifeprozess, und der dauert nun einmal Jahre. Dabei entwickeln sich unsere Persönlichkeit und unsere Selbstsicherheit, beides unumgängliche Stationen für den aufrechten Gang durchs Leben.

Dürfen wir das?

Zum Abschluss dieses Kapitels wollen wir allerdings noch einmal kritisch nachfragen, ob wir uns nicht zu viel mit uns selbst beschäftigen. Gerade jetzt, nachdem wir begonnen haben, eigene Strukturen außerhalb unserer Familie aufzubauen. Wir haben Freunde, die uns sehr wichtig sind, vielleicht haben wir auch Aufgaben bei der Feuerwehr oder im Sportclub übernommen, entspannen uns beim Fernsehen oder wir sind sehr gern mit unserem festen Partner zusammen.

Hier beginnt die Kunst des Lebens. Wenn wir es schaffen, Genuss und Selbstverwirklichung unter einen Hut zu bringen, oder sie gar zu vereinen, dann sind wir echte Lebenskünstler. Denn Genuss und Lebensplanung schließen sich nicht aus. Wieso können wir nicht mit unseren Freunden zusammen sein und gleichzeitig gezielte Fragen stellen, bei denen es einmal um die Berufs- & Studienwahl geht? Warum können wir keinen Event für die Feuerwehr organisieren, nur um mal zu sehen, ob uns diese Tätigkeit auch Spaß macht? Warum können wir uns im Sportverein für keinen Trainerkurs einschreiben, um etwas hinter die Kulissen zu schauen? Warum sollten wir uns nicht einmal zu einem Fernsehwettbewerb melden, um uns die verschiedenen Tätigkeiten in einem Studio aus der Nähe anzusehen? Warum können wir mit unserem Partner nicht über die Zukunft sprechen?

Es geht also gar nicht darum, uns zu sehr in den Mittelpunkt zu stellen, sondern vielmehr um die Erkenntnis, dass wir in unserem täglichen Leben unser eigenes Leben nicht ganz vergessen sollten.

Deshalb können wir nach wie vor unseren Freunden helfen, wenn sie mal ein Problem mit dem Computer haben oder jemanden für den Umzug brauchen. Wenn es noch einen Platz für einen billigen Wochenendtrip nach Paris gibt, sind wir selbstverständlich dabei. Wieso denn nicht?

Wir machen allerdings alles mit Blick aufs Ganze. Wir sind wie der Mittelstürmer. Der kann auch mal in der Verteidigung aushelfen und Bälle im Mittelfeld verteilen, aber das gegnerische Tor, sein wirkliches Ziel, muss er immer im Auge behalten. Wenn er das nicht mehr tut, dann kann er einpacken.

Wie wir unser Ziel besser ins Visier bekommen und Tore schießen, das werden wir im nächsten Kapitel behandeln. Wir steigen einfach wieder auf unser Boot und segeln weiter in Richtung auf eine erfolgreiche Studien- & Berufswahl.

Zusammenfassung: Nur wenn wir uns mit uns selbst beschäftigen, finden wir heraus, was uns wirklich interessiert und wie wir unsere Zukunft leben wollen.

3. Kapitel

Ich kann meine Zukunft sehen

- Die Umwelt beobachten
- Von Anderen lernen
- Erfahrung zum Nulltarif
- Wessen Job hätte ich gerne?
- Eigene Navigationsinstrumente benutzen

Ich kann meine Zukunft sehen

Obwohl wir es vielleicht gar nicht gemerkt haben, treibt unser Segelboot auf einmal im offenen Meer. Die Küste ist kaum noch sichtbar, und wir brauchen jetzt zum ersten Mal unsere Navigationsinstrumente.

Wie?

Nun ja, im ersten Kapitel haben wir gehört, dass wir uns ruhig erst einmal um uns selbst kümmern sollen, und im zweiten Kapitel, dass wir uns auf die Ratschläge unserer Umgebung auch nicht blind verlassen können.

Damit fallen unsere externen Orientierungshilfen weg, und wir brauchen unsere eigenen Navigationsinstrumente. Aber das ist kein Problem, denn alles was wir dazu benötigen, haben wir bei uns.

Um wieder einen Anhaltspunkt zu bekommen, nehmen wir am besten unser tägliches Umfeld ins Visier. Dabei werden wir merken, dass wir auf einmal in unsere eigene Zukunft schauen können und zwar ganz egal, ob sie zehn, zwanzig oder vierzig Jahre entfernt ist. Hokuspokus? Nein, überhaupt nicht; jeder von uns kann es, und zwar wann und wo er will, und es kostet außerdem keinen einzigen Cent. Also los.

Wie bereits so oft auf unserer Reise, so holen wir uns auch hier wieder Rat von Experten. Dieses Mal kommt uns Einstein gerade recht: „Vorstellungskraft ist wichtiger als Wissen“, hat er gesagt, und das wollen wir einfach mal ausprobieren.

Tolle Auswahl

Wir stellen uns vor, die ganze Welt sei nur für uns da. Jeder führt seinen Beruf nur aus, um uns zu zeigen wie unsere Zukunft aussehen könnte, für den Fall, dass wir uns für eine dieser Tätigkeiten entscheiden.

Zum Beispiel hat der Polizist an der Ecke nur die Aufgabe, uns vorzuführen wie unsere Zukunft aussieht, sollten wir den Beruf des Polizisten wählen. Aber nicht nur das, auch seine Kollegen sind für uns da. Alle üben ausschließlich ihren Beruf aus, damit uns ja kein Detail entgeht. Wir können den jungen Polizisten im vollen Kampfanzug im Einsatzwagen sitzen sehen, wie er noch gemütlich seinen Hamburger isst, bevor die Demonstration beginnt. Sein Kollege, der in der Fußgängerzone einem japanischen Touristen den Weg zum Museum erklärt, zeigt uns eine andere Fassette seiner Tätigkeit, und das stundenlange Wachestehen beim Objektschutz wird auch nur gemacht, damit wir sehen, was wir vielleicht machen müssten, wenn wir diesen Beruf wählen sollten. Wir können auch zuschauen wie ein anderer Polizist eine Anzeige in der Amtsstube aufnimmt, oder wie ein Kollege nachts die Alkoholkontrolle durchführt. Aber wir können nicht nur die verschiedenen Tätigkeiten sehen, uns wird noch viel mehr geboten, zum Beispiel, wie unsere weitere Zukunft aussehen könnte. Das wird uns gerade von einem jungen schlanken Polizisten vorgeführt, der stolz auf seinem nagelneuen Motorrad sitzt. Wir können auch den etwas älteren Kollegen sehen, der den Verkehr regelt und sich freut, dass die Abgasbestimmungen endlich bessere Luft an den Kreuzungen geschaffen haben. Der leicht beleibte Familienvater, der als Kontaktpolizist eingesetzt wurde, ist auch nur für uns da, um uns zu zeigen, wie wir in dreißig Jahren aussehen werden. Ja, uns wird sogar demonstriert was in vierzig Jahren sein wird. Die Wachstube ist geschmückt, und ein Kollege wird in den Ruhestand verabschiedet. Er strahlt, wirft die Mütze in die Luft und umarmt alle. „Das Leben war hart und ungerecht", wird er sagen, „aber ich würde alles nochmal so machen." Großer Jubel bricht aus, die Gläser klingen, und der Telefonhörer hängt im Papierkorb.

Aber vielleicht wollen wir ja gar nicht Polizist werden. Alles kein Problem. Die Einstein`sche Theorie funktioniert unabhängig von Ort, Zeit und Beruf. Immer und überall erleben wir, dass sich die ganze Arbeitswelt nur bewegt, um uns die verschiedenen Berufe vor Augen zu führen.

Wir spielen beispielsweise mit dem Gedanken, Rechtsanwalt zu werden. Nichts leichter als das. Gehen wir einfach zum Gericht, denn dort warten Hunderte von Juristen auf ihren Auftritt.

Eine Anwältin mit Talar über dem Arm wartet im Flur auf ihren Termin. Ihr Mandant, ein Drogenabhängiger, raucht nervös an seiner Kippe.

Ein Kanzleikollege verteidigt eine Ausländerin gegen die Bundesversicherungsanstalt. Sie will mehr

Rente, die Versicherungsanstalt erkennt die vorgelegten Unterlagen nicht an.

Der Staatsanwalt beantragt das Strafmaß, und die Richterin macht sich ihre Notizen.

Ein Verteidiger beruhigt seinen Mandanten.

Rechtsanwälte bei der Arbeit, und alles nur für uns. Jeden Tag andere Schicksale, jeden Tag neue Akten. Einige Anwälte haben sich auf Zivilrecht spezialisiert, andere auf Strafrecht, und wieder andere lieben die Abwechslung und vertreten ihre Mandanten in allen Angelegenheiten.

Natürlich trifft man Rechtsanwälte nicht nur im Gericht. Sie beraten Mega-Stars bei Werbeverträgen genauso wie gemeinnützige Gesellschaften in Arbeitsrecht. Juristen findet man in unendlich vielen Positionen, ja, der deutsche Kabarettist und Schauspieler Otfried Fischer meinte sogar: „Das Jurastudium als kabarettistische Grundausbildung war von Vorteil.“

Alle Türen stehen offen

Aber auch die Hochschulen warten nur auf unseren Besuch. Denn die Vorlesungen werden dort nur gehalten, damit wir bereits vorher sehen können was uns erwartet, sollten wir uns für ein Studium entscheiden. Wenn uns eine bestimmte Fachrichtung interessiert, dann gehen wir einfach in den Hörsaal und spielen Student. Um an einer Vorlesung teilzunehmen, muss man nicht immatrikuliert sein, besonders nicht bei den Massenvorlesungen im Audimax. An den Fachhochschulen müsste man vielleicht den Professor um Erlaubnis bitten, aber auch das sollte kein Problem sein.

Aber mit der Einstein'schen Vorstellungskraft können wir noch ganz andere Spielchen treiben. Wir können Personen in unserem Kopf Revue passieren lassen und uns diejenige aussuchen, die genau den Job ausübt, den wir auch gern machen würden. Auch hier gibt es keine Einschränkungen. Das kann die Ministerin, der Profiboxer oder die Architektin sein. Haben wir die Person gefunden, die „unseren" Traumjob ausführt, dann gehen wir einfach hin und versuchen, etwas hinter die Kulissen zu schauen. Ein typischer Tagesablauf einer Ministerin wird uns interessante Einsichten verschaffen, und wir können unsere Vorstellung mit der Realität vergleichen. Das gleiche gilt für den Boxer, den wir bei seinem täglichen Training beobachten und die Architektin, die gerade eine Baubesprechung leitet.

Wenn wir uns für etwas interessieren, dann werden sich auch die entsprechenden Türen öffnen, garantiert. Wir müssen uns nur unseren Traumjob vorstellen und uns dann auch wirklich erkundigen. Nur so können wir erfahren, ob er tatsächlich zu uns passt. Wir beginnen also genauso wie wir es bei den Polizisten oder den Rechtsanwälten gemacht haben.

Mit Einstein können wir also sehr leicht in die Zukunft blicken, wir müssen nur die Augen öffnen. Dabei ist es völlig egal, ob wir kurz vor dem Hauptschulabschluss stehen oder unser Diplom druckfrisch in den Händen halten. Wir benutzen unsere Navigationsinstrumente und steuern auf die Tätigkeit zu, die uns interessiert. Die schauen wir uns dann etwas näher an und entscheiden, ob wir die Anker werfen oder einfach weitersegeln.

Damit haben wir zum ersten Mal unsere eigenen Navigationsinstrumente benutzt, und es hat funktioniert. Wir können uns selbst orientieren und uns eine eigene Meinung bilden.

Wenn wir jetzt noch das eine oder andere Praktikum absolvieren, zu Tagen der offenen Tür gehen und Messen besuchen, um eine noch klarere Vorstellung des angestrebten Berufs zu erhalten, dann haben wir die Wahrscheinlichkeit eines Studien- oder Lehrabbruchs auf ein Minimum reduziert.

Bevor wir uns aber für unseren Beruf oder unser Studium entscheiden, lesen wir noch schnell das nächste Kapitel. Dort werden wir erfahren, dass uns unsere Augen auch manchmal trügen. Uns wird zuweilen etwas vorgespielt, das nicht der Realität entspricht. „Weil du die Augen offen hast, glaubst du, du siehst“, warnte Goethe; und wie wir uns davor schützen, davon mehr auf den nächsten Seiten.

Zusammenfassung: Das tägliche Leben ist die beste Berufsberatung, wir müssen nur hinschauen.

4. Kapitel

Der Schein kann trügen

- Sehen und begreifen
- Hinter die Kulissen schauen
- Mehr Informationen suchen
- Durch Fragen lernt man
- Die richtigen Leute fragen
- Antworten richtig interpretieren

Der Schein kann trügen

Im letzten Kapitel haben wir erfahren, dass wir nur die Augen zu öffnen brauchen, um die beste Berufsberatung im real-time Format zu erhalten.

Das ist richtig, aber leider ist das mit dem Sehen so eine Sache. Selten ist es so, wie es zu sein scheint. Die Menschen haben Tausende von Jahren den Himmel beobachtet und glaubten fest daran, dass wir der Mittelpunkt des Universums seien. Erst Leute wie Kopernikus, Kepler und später Newton konnten erklären, was denn dort oben überhaupt passiert. Uns geht es ähnlich.

Ja, können wir denn unseren Augen nicht trauen?

Nicht immer, es gibt optische Täuschungen, aber das ist nicht unser Thema. Wir sind mehr am Verstehen interessiert. Das Sehen liefert uns nur Bilder, zum Verstehen brauchen wir das Gehirn, denn dort werden die Bilder interpretiert, und genau hier beginnt das Problem.

Was ist damit gemeint?

Die Hornhaut hat Recht

Auf unserer Hornhaut wird zwar die Realität abgebildet, aber zwei Zentimeter tiefer, im Gehirn, kommt eine andere Nachricht an. Diese zwei Zentimeter sind die längste Strecke der Welt, denn dort sind unsere Vorurteile, naiven Erwartungen und

Trugschlüsse angesiedelt. Deshalb sehen wir zwar, aber wir ziehen die falschen Schlüsse.

Nehmen wir ganz einfach einmal das Beispiel des Lehrers. Seine Tätigkeit haben wir zehn Jahre lang jeden Tag erlebt, und dennoch entscheiden sich viele für diesen Beruf, ohne zu wissen, auf was sie sich da einlassen. Ihnen ist offenbar völlig entgangen, dass 72 Prozent der Lehrer aus Krankheitsgründen vorzeitig das Handtuch werfen, und dass die meisten bereits nach wenigen Jahren desillusioniert sind. Haben wir all diese zehn Jahre die erschreckend hohe Ausstiegsquote und den 30%tigen Anteil an erschöpften und depressiven Lehrern[1] nicht gesehen? Waren wir denn blind?

Nein, das Bild kam einfach falsch im Gehirn an. Der Psychologe Christoph Hanckel meint dazu: „Viele vollziehen den Perspektivenwechsel vom Schüler zum Lehrer zu spät."

Da haben wir sie, die zwei Zentimeter zwischen Hornhaut und Gehirn. Viele dachten vielleicht an den guten Verdienst, die vielen Ferien, den sicheren Arbeitsplatz, die interessanten Themen, die Möglichkeit eines Auslandeinsatzes und was sonst noch alles lockte. Dabei sind Probleme wie das stundenlange Korrigieren, die Probleme mit Schülern, große Klassenverbände, Auseinandersetzungen mit Eltern und Kollegen, die Vorgaben der Schulbehörden und

[1] OECD Studie vom 21.09.2004

die zwiespältige soziale Anerkennung niemals im Gehirn angekommen.

Diese Fehleinschätzungen führen leider zu unnötigen Umwegen oder im schlimmsten Fall zu einem unglücklichen Leben. Deshalb müssen wir die Einstein'sche Theorie etwas erweitern. Das Sehen ist zwar die Voraussetzung einer Erkenntnis, aber wir brauchen zusätzlich die Tiefenschärfe, damit wir noch mehr Realität erkennen.

Nehmen wir zum Beispiel den Polizisten bei der Alkoholkontrolle. Hier sehen wir nur einen Teil dessen, was uns erwartet, sollten wir diesen Beruf wählen. Denn Polizisten haben auch Schichtdienst, es besteht eine klare Hierarchie, man kann nicht im Ausland arbeiten, man ist auch nach Feierabend noch Polizist, da man ein gutes Beispiel geben sollte, man muss während der Arbeit eine Waffe tragen, und das Arbeiten in Uniform ist auch nicht jedermanns Sache.

Das alles sind keine Nachteile, wenn wir sie kennen und damit einverstanden sind. Haben wir aber die Tiefenschärfe nicht benutzt und werden später damit konfrontiert, dann könnte es ein böses Erwachen geben.

Das musste leider Gina erleben. Sie wollte unbedingt Tierarzthelferin werden, weil sie doch kleine Tiere so sehr liebte. Dann musste sie allerdings genau erleben wie diese Tiere kastriert wurden, wie verendete Tiere hygienisch, aber herzlos entsorgt wurden, sie die

Käfige sauber halten musste, und an die erhebliche Geruchsbelästigung hatte sie natürlich auch nicht gedacht. Kein Wunder, dass sie nicht lange blieb. Jetzt hat sie die Lehre zur Innenarchitektur-Assistentin begonnen.

Das Gleiche gilt auch für unser anderes Beispiel, die Rechtsanwältin. Dieser Beruf hat zwar vielfältige Einsatzmöglichkeiten, aber dennoch, eine Rechtsanwältin kann ihre Mandanten zwar wunderbar im Inland verteidigen, wenn sie aber nur zwei Schritte über die Grenze nach Frankreich geht, kann sie das schon nicht mehr tun. Dort darf sie zwar bestimmte Dienstleistungen erbringen, aber nur in enger Zusammenarbeit mit einem französischen Kollegen[2].

Für einen Frisör ist das alles kein Problem. Er kann nach Nizza umsiedeln und dort am nächsten Tag die Haare am Strand schneiden.

Außerdem wird die Rechtsanwältin immer nur dann gebraucht, wenn es Streitigkeiten gibt, oder solche zu erwarten sind. Wenn alles glatt läuft, braucht man keinen Rechtsanwalt. Als Pflichtverteidiger zu arbeiten, ist auch nicht immer lustig. Auch wenn die Beweislast erdrückend ist, kann das Verfahren aufgrund einer Formalität eingestellt werden. Dann waren auf einmal alle

---

[2] Dennoch waren 22% der Absolventen kurzfristig im Ausland, um mit den Kenntnissen im ausländischen Rechtssystem besser vermittelbar zu sein. HIS Projektbericht Okt. 2004, S.76

Mühen umsonst, und das Rechtsgefühl wurde verletzt.

Deshalb dürfen wir bei der Einstein`schen Theorie die Tiefenschärfe nicht vergessen. Nur so können wir die uns vorgeführten Berufe richtig einschätzen.

Wir sollten versuchen, uns ein vollständiges Bild zu machen. Zum Beispiel sollten wir uns folgende Fragen stellen:

Können wir uns überhaupt vorstellen, diese Tätigkeit den ganzen Tag auszuführen? Gibt uns der Beruf genügend Freiheiten, unsere Persönlichkeit einzubringen, oder sind wir auswechselbar wie der U-Bahn Fahrer oder der Pilot?

Können wir unsere Ideen verwirklichen, oder werden wir Teil einer strengen Hierarchie sein?

Können wir frei von zu Hause arbeiten, oder müssen wir zu einer ganz bestimmten Zeit an einem ganz bestimmten Ort sein?

Vielleicht sollten wir unsere Impressionen aufschreiben. Vielleicht sollten wir auch noch einen Schritt weitergehen, und unsere „Schauspieler“ direkt fragen.

Fragen ist Gold

Besonders das Fragen öffnet uns eine ganz neue Welt. „Durch Reden habe ich noch nie etwas gelernt, nur durch Fragen“, sagt der amerikanische Autor Lou Holtz, und in Kamerun heißt es: „Ein Fragender ist nie unwissend.“

Allerdings ist das nicht so einfach. Wer traut sich schon, einen wildfremden Rechtsanwalt anzusprechen und ihn zu fragen, ob er seinen Beruf mag, und ob er sich noch einmal dafür entscheiden würde.

Das ist auch nicht notwendig. Man kann sich erst einmal im Bekanntenkreis umhören, und vielleicht kennt ein Freund einen Freund, und der kennt einen Anwalt. Dabei wird man erleben, dass sich auf einmal viele Türen öffnen, man muss nur anklopfen.

Sollte man nicht fündig werden, dann muss man allerdings ins kalte Wasser springen und fremde Leute ansprechen. Das ist zwar nicht jedermanns Sache, aber wenn man sich dazu entschließt, wird man reichlich belohnt.

Man würde also ganz einfach in die Gerichtskantine gehen und einen Anwalt ansprechen, der gerade gelangweilt auf seinen nächsten Termin wartet oder entspannt seinen Kaffee trinkt. Es gibt immer Möglichkeiten, an Informationen zu kommen, wir müssen uns nur bewegen.

Wenn wir uns das trauen, dann haben wir allerdings bereits gewonnen. Zum einen üben wir uns in der sehr wichtigen Kunst der Kommunikation, denn wer die beherrscht, hat überall die Nase vorn, und zum anderen werden wir merken, dass die meisten äußert positiv darauf reagieren: Da interessiert sich jemand für meinen Beruf, meinen Werdegang und nimmt meine Meinung ernst, warum soll ich dem nicht helfen?[3]

Also geben wir uns einen Ruck und betreten fruchtbares Neuland, zumal wir dabei nichts zu verlieren haben.

Wir können allerdings das Kapitel nicht abschließen, ohne auf ein Problem dieser Fragetechnik hinzuweisen. Genauso, wie uns die zwei Zentimeter zwischen Hornhaut und Gehirn manchmal falsche Eindrücke liefern, so erhalten wir auch irreführende Antworten. Das kann daran liegen, dass wir nicht richtig gefragt haben, was ja auch gar nicht so einfach ist, oder der Gefragte uns falsche Antworten gegeben hat. Das Sprichwort „Wer viel fragt, geht viel fehl", weist auf das Problem hin, auf das wir eingehen wollen.

Richtig hinhören

Ohne dich langweilen zu wollen, möchte ich zwei Beispiele aus meinem Leben erzählen, die genau zu diesem Thema passen.

Als ich achtzehn Jahre alt und Heizungsmonteur war, hatte ich das Ziel, auf eine Technikerschule zu gehen. Leider gab es dort eine Aufnahmeprüfung, und ich wollte wissen was gefragt wird. Auf der Baustelle konnte mir keiner helfen, aber im Büro arbeitete jemand, der versucht hatte, diese Prüfung zu machen.

---

[3] Eine Abiturientin schrieb 65 deutsche Spitzenmanager an und wollte wissen, was das Geheimnis ihrer Karriere war. 35 schrieben zurück, die meisten persönlich. Wirtschaftwoche Nr.40, 23.09.2004 S.152

Da ich wusste, wo er wohnte, besuchte ich ihn an einem Wochenende in seinem Reihenhaus.

„Die Schule bringt nicht viel“, meinte er zu meiner Überraschung. „Mach doch den Meisterkurs an der Abendschule. Dann kannst du hier im Ort bleiben und hast keinen Verdienstausfall. Der Meisterkurs ist sowieso besser als die Technikerausbildung.“

Das wollte ich natürlich nicht hören. Später erfuhr ich, dass er die Aufnahmeprüfung nicht geschafft

hatte, und deshalb die Meisterlaufbahn einschlug, zu der er sowieso mehr Neigung verspürte. Ich bin sicher, dass er mich nicht falsch beraten wollte, aber er hatte schon in jungen Jahren eine Familie, und seine Entscheidungen wurden deshalb von Umständen geprägt, die auf mich einfach nicht zutrafen. Ich ließ mich auch nicht beirren und machte die Aufnahmeprüfung, die ich ebenfalls nicht schaffte, aber ein Semester später durfte ich dann mit dem Studium beginnen.

Als ich zwanzig Jahre alt und an der Technikerschule war, freute ich mich über die vielen Stellenangebote am Schwarzen Brett und das Geld, das ich bald verdienen würde.

Allerdings gab es da meinen Freund Uwe. Der hatte technischer Zeichner gelernt und kannte sich in der Bürohierarchie gut aus. Er wusste, dass ein Ingenieur viel mehr Gewicht hat als ein Techniker.

Deshalb wollte er noch auf die Ingenieurschule, und ich sollte mitkommen.

Das sah ich völlig anders, denn da wir als Techniker alle Heizungs- und Klimaanlagen genauso berechnen konnten wie die Ingenieure, empfand ich ein weiteres Studium als verlorene Zeit. Aber Uwe redete nächtelang auf mich ein, bis ich letztlich total verunsichert war.

Glücklicherweise besuchte ich seinerzeit regelmäßig Fachmessen, da ich für eine Fachzeitung Messeberichte schrieb. Dort wandte ich mich an einen mir völlig fremden Ingenieur der sehr renommierten Firma Buderus. Er hatte etwas Ähnlichkeit mit meinem seit langem verstorbenen Vater, und das half mir, ihn um Hilfe zu bitten. Er ging auch gleich sehr freundlich auf meine Frage ein und dabei stellte sich heraus, dass er Elektrotechnik studiert hatte, also ein Quereinsteiger in der Heizungsbranche war.

„Da haben sie völlig Recht", war seine Antwort, nachdem wir uns in eine Ecke des Ausstellungsstandes begeben hatten, um in Ruhe reden zu können. „Alle Techniker in meiner Abteilung wussten mehr über Heizungstechnik als ich. Aber ich habe von ihnen gelernt, und als Ingenieur wurde der Posten des Abteilungsleiters mir angeboten und nicht einem noch so brillanten Techniker."

Er sprach dann noch davon, dass es viel leichter ist, von oben in einen Korb zu fallen, als sich von unten hochzuarbeiten, aber meine Entscheidung war bereits gefasst. Dieses halbstündige Gespräch mit einem Fremden hat mein Leben total verändert. Anstatt nach der 3-semestrigen Technikerausbildung direkt mit der Arbeit zu beginnen, habe ich weitere sieben Jahre bis zum Universitätsabschluss studiert. Heute könnte ich mir mein Leben ohne diese Grundlage gar nicht mehr vorstellen.

„Hoch lebe Einstein!“, kann ich da nur sagen, und natürlich auch der Mut, jemanden anzusprechen. Obwohl für uns nichts dabei auf dem Spiel steht, schrecken wir aus falscher Scheu oft davor zurück. Dabei ist eine andere Meinung nichts weiter als ein Gemälde in der Galerie. Wenn es in unsere Wohnung passt, nehmen wir es mit, wenn nicht, lassen wir es einfach hängen.

Zusammenfassung: Entscheide nicht kopflos, denn dein Kopf hat Augen, Ohren und einen Mund. Damit kannst du schauen, hören und fragen. Drei goldene Schlüssel für deine Zukunft.

5. Kapitel

Der Bauch hat das Wort

- Wo finden wir Ruhe?
- Wir müssen uns besser spüren
- Gedanken soll man aufschreiben
- Beim Fühlen stört der Kopf
- Realismus ist nicht immer real
- Wir sollten uns ernst nehmen

Der Bauch hat das Wort

Und weiter geht unsere Reise. Nachdem wir uns den großen Überblick verschafft haben, halten wir jetzt Kurs auf uns selbst, genauer gesagt auf unseren Bauch. Dort angekommen machen wir es uns erst einmal gemütlich und genießen. Die Einsichten aus den ersten Kapiteln werden uns helfen, dies ohne die geringsten Gewissensbisse zu tun. Der Bauch ist auch der ideale Ort, um mit uns selbst in Kontakt zu kommen und zu erfahren, was uns unser Innerstes sagt.

Köstliche Ruhe

Der Bauch kann nicht denken, er kann nur fühlen. Und genau diese Eigenschaft wollen wir nutzen und etwas auf unsere innere Stimme hören, denn nur wenn wir uns hören und fühlen, können wir auch für uns selbst entscheiden.

Allerdings ist „das Sich Selbst Fühlen“ gar nicht so einfach. Unser Bauch hat eine leise Stimme, und wenn wir den Lärm der Umwelt nicht ausschalten, dann hören wir sie nicht. Leider verfolgt uns der Lärm der Umwelt den ganzen Tag, und wenn wir gerade einmal eine ruhige Minute haben, klingelt das Handy. Deshalb müssen wir nicht nur eine ruhige Ecke finden, wir müssen auch das Handy ausschalten.

Eine ruhige Ecke kann zum Beispiel unser Fußballstadion am Nachmittag oder Samstag Morgen sein. Dann wird noch nicht trainiert, und wir haben die Tribüne ganz für uns allein. Dort können wir unsere Gedanken in unsere Zukunft wandern lassen, keiner wird uns stören. Auch ein Spaziergang im Stadtwald oder der Friedhof sind ideale Plätze, um unseren Gedanken freien Lauf zu lassen. Natürlich können wir auch in die Kirche gehen oder in den Garten eines Krankenhauses. Aber Halt!

Wenn uns der Bauch von seinen Wünschen erzählt, dann kommen sie aus unserem Tiefsten, sie sind ein Stück von uns selbst, und wir dürfen sie nicht leichtsinnig verfliegen lassen. Deshalb müssen wir unsere Wünsche aufschreiben, denn das Aufschreiben ist der Leuchtturm der Gedanken. Einmal aufgeschrieben finden wir unsere Gedanken jederzeit wieder. Das ist gerade jetzt wichtig, da wir glücklicherweise in der idealen Lebensphase sind, in der wir uns die wildesten Wünsche leisten können, da wir frei und nur uns selbst verpflichtet sind.

Um unsere Wünsche aufzuschreiben, brauchen wir nicht dauernd mit Papier und Bleistift herumzulaufen, aber kleine Notizen sollten wir uns schon machen, denn dieses Kapitel würde ohne Aufschreiben zu keinerlei Erfolg führen.

Sicherlich werden wir die Wunschliste nicht in fünf Minuten aufgeschrieben haben, das brauchen wir auch nicht, ganz im Gegenteil. Das Leben ist lang, und wir haben ein halbes Jahrhundert und mehr vor uns. Deshalb werden wir uns mit der Liste auch Zeit lassen. Wenn wir sie in Reichweite haben und nebenbei immer wieder mal eine Eintragung machen, dann ist das gut. So können wir einige Monate daran basteln, und selbst wenn wir dafür einige Jahre brauchen, ist es immer noch gut. Wichtig ist nur, damit anzufangen.

Wir folgen hier einfach dem Rat von Sophokles, der schon vor 2.500 Jahren riet: „Wer Großes vorhat, lässt sich gern Zeit.“

Und Großes haben wir vor, wir wollen jeden Tag unseres Lebens genießen, nicht mehr, aber auch nicht weniger. Dazu müssen wir allerdings zuerst wissen, was wir denn überhaupt vom Leben erwarten. Diese Frage ist allerdings viel leichter gestellt als beantwortet. Was wissen wir schon, wie wir in zehn oder zwanzig Jahren leben wollen, wenn wir uns heute noch unklar darüber sind, ob wir weiter in den Musikunterricht gehen sollen oder uns lieber ein Motorrad kaufen, um etwas die Welt zu erkunden.

Darum geht es auch gar nicht. Wir haben in den letzten Kapiteln versucht, selbständig zu denken, und genau das wollen wir jetzt auch auf unsere innere Stimme anwenden. Und genau deshalb hören wir in unser Innerstes, also auf die Wünsche unseres Bauches.

Erst wenn wir dort ein Stück von uns gefunden haben, uns also etwas mehr Klarheit darüber verschafft haben wie wir leben wollen, haben wir die ideale Voraussetzung geschaffen, um uns von der

Berufsberatung genau die Tätigkeiten aufzeigen zu lassen, die uns unsere Wünsche erfüllen. Es kommt also auch hier auf die Reihenfolge an. Wenn wir die nicht einhalten und wie verhext nach Berufen suchen, füllen wir endlos Eignungstests aus, ohne zu wissen, was wir wirklich wollen, und finden vielleicht einen Job, der nicht uninteressant ist, aber unsere innersten Wünsche haben wir dabei völlig vergessen. Die sind aber wichtig, wenn wir unsere Lebensziele und unseren Beruf harmonisch verbinden wollen.

Die Verführung

Wer glaubt, er könnte auf den Rat seines Bauches verzichten, lebt gefährlich. Mein Freund musste das leider erfahren. Er machte brav seine Ausbildung, fand die Frau seines Lebens, baute sein Haus und bald kam auch der Nachwuchs. Soweit war alles prima, wäre nur die Arbeit nicht gewesen. Dabei hatte er einen Superjob mit sicherem Arbeitsplatz, guten Aufstiegsmöglichkeiten, interessanten Projekten, firmeneigenem Fitnesscenter, Fortbildungskursen, Betriebsrente und was das Herz sonst noch so begehrt.

Damit begann allerdings das Problem.

Am Anfang, noch fast unbemerkt, aber mit den Jahren kontinuierlich zunehmend, schoben sich die Belange der Firma mehr und mehr in den Vordergrund, und die Familie nahm den zweiten Platz ein. Eigentlich war es keinem so richtig bewusst, besonders nicht meinem Freund. Er musste mal schnell ins Ausland, dann kam ein Superauftrag in Millionenhöhe, der noch schnell bearbeitet werden musste, dann hielt er die ersten Vorträge, bekam einen Privatchauffeur, und auf einmal wurde die Zeit für die Familie knapp, und das schöne Haus wurde nichts weiter als eine einfache Schlafstätte.

Ist das ein Leben? Was wurde aus der Liebe? Wann konnte er mit seinem Kind spielen? Was lief schief?

Ganz einfach, mein Freund hatte seinen Bauch vergessen. Vielleicht hatte er sich niemals richtig darum gekümmert, wahrscheinlich war ihm die Wichtigkeit seines Bauches nie bewusst, aber ganz sicher hatte er niemals eine Wunschliste darüber geschrieben wie er eigentlich leben wollte. Hätte er das getan, dann hätte er sich daran erinnern können bevor er Werkzeug seiner Firma wurde. Dann hätte er vielleicht die Kraft gehabt, laut NEIN zu schreien, als der Alltag ihn in eine Richtung drängte, die nicht die seinige war. Aber das alles ist nicht passiert, das Leben hatte ihn voll im Griff, und er funktionierte wie ein Roboter. Allerdings war es mein Freund, der dies alles zuließ, die Firma trifft keine Schuld.

Unterschätzen wir also die Macht des Alltags nicht. Deshalb ist jetzt der richtige Moment für uns gekommen, um uns davor zu schützen. Wir haben noch so viele Jahre vor uns, und dafür brauchen wir die Wunschliste. Wir müssen nur in den Bauch hineinhören, um unsere innere Stimme wahrzunehmen, denn wenn wir uns von außen steuern lassen, leben wir schutzlos. Es ist einfach eine gute Idee, unser Schlauchboot aufzublasen bevor die Flut kommt.

Deshalb ist jetzt die richtige Zeit, um unsere Prioritäten zu ordnen. Jetzt können wir unsere Lebensziele noch völlig frei von äußeren Einflüssen formulieren. Jetzt können wir noch beschließen, uns nicht vor den Wagen anderer Leute spannen zu lassen. Jetzt können wir noch unsere eigene Verfassung schreiben, damit wir in Freiheit unsere eigene Zukunft gestalten können. Jetzt schreiben wir unsere Wunschliste. Also raus aus dem Kopf und runter in den Bauch.

Die Wunschliste

Sobald wir an unsere Wünsche denken, sprudeln sie bereits aus unserem Bauch heraus: Nur Markenkleidung tragen, Urlaub in der Südsee, etwas für die Gesellschaft tun, Haus mit Garten, Katze, anderen helfen, Hund, einen Wohnwagen oder besser gleich eine Suite, einen Kinderspielplatz bauen, ein Hotel kaufen, dem Leben einen Sinn geben, nur Halbtagsjobs annehmen, und was sonst noch alles kommt.

Also Zettel und Bleistift in Reichweite, denn wir schreiben unsere Wunschliste.

Hier ein Beispiel:

4 Wochen Sommerurlaub, 4 Wochen Ski fahren, jeden zweiten Monat eine Städtereise, einen Sportwagen, 35-Stunden Arbeitswoche, 10 Anzüge, 20 Paar Schuhe, Mitgliedschaft im Fitness- und/oder Tennisklub, einmal die Woche ins Theater, ein Haus

mit Garten oder vielleicht besser eine Stadtwohnung und einen Schrebergarten, eine Familie mit mindestens drei Kindern, dreimal pro Woche zum Mittagessen ins vegetarische Restaurant gehen, in der Nähe der Berge wohnen, einen Nachmittag fürs Bücherlesen freihalten, Schmuck für alle Anlässe.

Das hört sich für den Start schon einmal sehr gut an. Aber wie gesagt, unsere Wunschliste ist ein langer Prozess, der Zeit braucht, da wird es Änderungen geben, da werden noch ganz neue Wünsche dazu kommen, von denen wir heute noch keine Ahnung haben.

Sicherlich diktiert uns unser Bauch auch Wünsche, die mit materiellen Dingen gar nichts zu tun haben, auch die gehören selbstverständlich dazu. Wir wollen zum Beispiel das Analphabetentum in Afrika beseitigen, uns für die bessere Eingliederung von Ausländern kümmern oder eine Weinrebe züchten, die auch ohne Sonne reift. Das ist alles erlaubt, unsere Wunschliste ist keinerlei Einschränkungen unterworfen. Deshalb kann darin auch stehen, dass wir mindestens einen Leserbrief pro Woche schreiben wollen, uns einfach mehr für die Gesellschaft einsetzen, Zeit für Freunde haben, mindestens sechs Monate nach der Geburt unseres Kindes zu Hause bleiben und danach eine Halbtagsstelle annehmen, die ebenfalls von zu Hause aus erledigt werden kann; in irgendeiner gemeinnützigen Organisation einen Posten übernehmen, ein Zimmer im Haus für ein Au-pair-Mädchen zur Verfügung haben, regelmäßig einen Sprachkurs in Italien besuchen, einen Tag in der Woche arbeiten und den Rest der Poesie widmen, immer zu Hause sind, wenn unsere Kinder von der Schule kommen.

Wir schrecken also beim Aufstellen unserer Wunschliste nicht vor noch so großen Gedanken zurück, warum sollten wir auch? Es ist unser Leben, und warum sollten wir uns selbst Barrieren in den Weg stellen?

„Was du heute denkst, wirst du morgen erleben", sagte der indische Religionsstifter Gautama schon vor 2.500 Jahren, und genau das wenden wir auf unsere Wunschliste an.

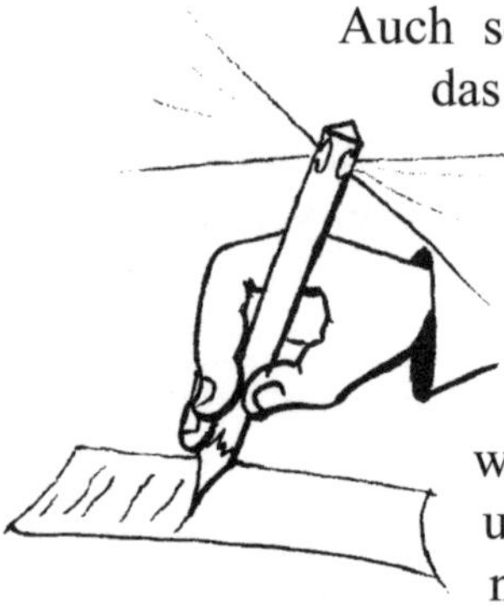

Auch sollten wir nicht vergessen, dass das Aufschreiben unserer Wünsche Spaß machen soll, hier dürfen wir spielerisch rangehen, also den Bauch fühlen lassen und nicht gleich den Gedanken mit einer Entscheidung verwechseln. Neben dem Lärm, der uns die Stimme unseres Bauches nicht hören lässt, ist unser Kopf der andere große Feind unserer Wunschliste. Der redet ungefragt und selbstherrlich dazwischen, obwohl er gar kein Rederecht hat. „Ich will einen Prinzen heiraten", sagt der Bauch und der Kopf brüllt: „Quatsch! So was gibt es ja gar nicht." Der Bauch sagt: „Ich will Bundeskanzlerin werden", und der Kopf unterbricht mit einem strengen: „Unmöglich!"

Leider ist das Thema Wunschliste bei den meisten von uns damit beendet. Das ist sehr schade, denn die ganze Schönheit der Wunschliste konnte sich noch gar nicht entfalten. Das dürfen wir nicht zulassen. Bei der Wunschliste hat der Bauch das Wort und sonst niemand. Der Kopf kann seinen Kommentar im nächsten Kapitel abgeben.

Realismus kann warten

Auch hat die Wunschliste nichts mit „realistischem“ Denken zu tun, das stört hier nur. Wenig wirklich große Erfolge hätte es gegeben, wenn man „realistisch“ gedacht hätte.

Boris Becker hatte „realistisch“ nie eine Chance, mit 17 Jahren Wimbledon zu gewinnen.

Mahatma Gandhi hatte niemals eine „realistische“ Möglichkeit, das Britische Imperium aus Indien zu verjagen.

Kolumbus hätte „realistisch“ niemals Land westlich von Europa entdecken können.

Nelson Mandela hatte nie eine „realistische“ Chance, die Apartheid in Südafrika zu beenden.

Reinhold Meßner hätte „realistisch“ niemals ohne künstlichen Sauerstoff den Mount Everest besteigen können.

Deshalb sollten wir uns von „realistischen“ Gedanken auch gar nicht bremsen lassen und schon gar nicht in diesem Kapitel, wo wir ausschließlich auf unseren Bauch hören.

Wie man es richtig macht, zeigt uns ein Psychologieprofessor. Er verließ frühzeitig eine Tagung, da er freitags immer das Essen für die ganze

Familie kocht. „Danach gehen wir auf einen langen Spaziergang durch den Wald, und so beginnen alle unsere Wochenenden“, erklärte er dem Fragenden und ließ ihn mit offenem Mund stehen.

Dieser Professor hatte seine Prioritäten im Griff.

Mit unserer Wunschliste wollen wir ihm nacheifern und uns auch in den stürmischen Zeiten des Alltags an unseren Bauch erinnern, denn nur so können wir unsere ganz persönliche Zukunft gestalten.

Zusammenfassung: Wie können sich unsere Wünsche erfüllen, wenn wir uns nicht zu wünschen trauen?

6. Kapitel

Kleines Zahlenspiel

- Erst träumen dann rechnen
- Zahlen aufschreiben, dann sieht man sie besser
- Alles hat seinen Preis
- Ausgaben mit Einnahmen vergleichen
- Wir sind wichtiger als das Geld
- Wir wählen unser Leben selbst aus

Kleines Zahlenspiel

Eigentlich sollten wir zwischen dem letzten Kapitel und diesem hier eine Pause von mindestens einem Monat gemacht haben, denn das ist die Zeit die wir brauchen, um unsere Wunschliste mit Inhalt zu füllen. Wir haben uns natürlich diese kreative Auszeit nicht genommen, sondern lesen einfach weiter. Das ist auch keine schlechte Idee. Wir verschaffen uns dadurch erst einmal einen Überblick, und die Wunschliste machen wir nebenbei.

Sollten wir allerdings bereits eine Wunschliste haben, dann können wir jetzt anfangen, unseren Bleistift zu spitzen und den Taschenrechner einzuschalten. Eigentlich könnte das jeder kleine Junge mit zehn Jahren tun, und wir bräuchten uns damit nicht zu beschäftigen, aber es ist eine kleine Übung, die uns klar macht, dass jede Entscheidung seine Folgen hat.

Durch die Wunschliste haben wir uns zwar besser kennen gelernt, aber wir müssen nun in der realen Welt die Voraussetzungen schaffen, damit sich unsere Wünsche auch erfüllen können. „Träume nicht dein Leben, sondern lebe deinen Traum!“, heißt das Sprichwort eines Unbekannten, und genau das ist unser Thema.

Dazu auch gleich eine kleine Überlegung bevor wir zur Buchhalterei kommen.

Leben wie im Traumurlaub

Um unseren Traum zu leben, verfahren wir genauso wie beim Traumurlaub. Zuerst einmal müssen wir wissen was wir wollen, erst dann schauen wir auf die Urlaubsziele. Unser Bauch wird uns zuflüstern, ob wir in die Berge möchten, mehr das Segeln auf hoher See vorziehen, lieber Museen besichtigen, uns in einem Sprachkurs einschreiben, oder was wir sonst noch für Wünsche haben könnten. Erst wenn wir das wissen, können wir weitere Informationen für unseren Traumurlaub einholen. Wenn wir uns zum Beispiel für die Berge entschieden haben, können wir jetzt unseren Kopf einschalten und uns Informationen über die Südalpen, das Erzgebirge oder auch Nepal beschaffen. Also auch hier wieder die klare Reihenfolge. Zuerst einmal unsere Wünsche erfahren, und danach schauen wie wir sie erfüllen können. Ob es sich nun um unseren Traumurlaub oder unser Traumleben handelt, die Vorgehensweise ist die gleiche.

Mit diesem Denkansatz unterscheiden wir uns grundlegend von allen anderen Berufs- & Studienberatungen. Wir fragen nicht: „Welchen Beruf sollen wir wählen?“, sondern wir fragen: „Welches Leben möchten wir leben?“

Das ist ein großer Unterschied. Wir bleiben damit unseren gewonnenen Erkenntnissen der ersten Kapitel treu und stellen uns konsequent in den Mittelpunkt unseres Lebens. Denn unseren Beruf werden wir innerhalb unseres aktiven Lebens statistisch viermal wechseln, uns selbst können wir allerdings nicht ein einziges Mal umtauschen.

Aber nun zur Buchhalterei. Die ist einfach. Wir hängen an jeden Wunsch ein Preisschild, und entsprechend den Gesamtkosten suchen wir uns die Berufe aus, die uns diese Einnahmen ermöglichen.

Wir verzichten dabei bewusst auf unsere persönlichen Neigungen und Talente. Wir vereinfachen also unsere Aufgabe. Dies ist ein klassischer Ansatz aus der Forschung und der Entscheidungsfindung. Man vereinfacht komplizierte Vorgänge, um zu einem Ergebnis zu kommen. Später mischt man die einzelnen Faktoren Stück für Stück dazu und nähert sich damit der realen Welt wieder an. In unserem Fall bedeutet das, wir beschränken uns auf die Preisschilder. Dabei ist es nicht einmal wichtig, den genauen Preis zu kennen, eine Annäherung reicht völlig aus. Als Beispiel nehmen wir unsere eigene Wunschliste oder die aus dem vorherigen Kapitel mit den vielen materiellen Wünschen. An unsere ideellen Wünsche, oder kollektivorientierten Motive wie sie von den Soziologen genannt werden, also zum Beispiel „etwas für die Gesellschaft tun“, können wir kein Preisschild hängen, und deshalb lassen wir sie hier ebenfalls unbeachtet.

Aber nun zu den Zahlen.

Preisliste:

Sommerurlaub 1.500 €, Skiurlaub 2.000 € , Kurzreise 100 €, Sportwagen 40.000 €, Anzüge 4.000 €, Schuhe 2.000 €, Fitnessklub 80 € usw. Wenn man die Wünsche untereinander geschrieben hat, dann braucht man jetzt nur noch die Preise daneben zu setzen.

Die Kosten kann man auf das Jahr oder den Monat umrechnen, das ist völlig egal. Was wir wissen möchten, sind die Gesamtkosten unserer Wunschliste.

Wenn wir das haben, brauchen wir die entsprechenden Einnahmen. Dafür könnten wir in der Stadtbibliothek die Tageszeitungen nach Stellenangeboten mit Gehältern durchsuchen, ins nächstliegende Arbeitsamt gehen, auf deren Webseite nachsehen, bei Fachverbänden nachfragen oder uns etwas im Bekanntenkreis umhören.

Also nehmen wir einmal an, die Gesamtkosten unserer Wunschliste belaufen sich mit Miete, Versicherung, Auto, Urlaub, Schmuck und so weiter auf 50.000 Euro pro Jahr. Um uns diese Wünsche zu erfüllen, brauchen wir nur noch einen Beruf zu finden, der uns diese Einnahmen ermöglicht. Vielleicht ist es ein Chefredakteur einer mittleren Zeitung, ein Diskobesitzer in einer Großstadt, ein internationaler Barmann, der auf eigene Rechnung arbeitet, oder ein Akustik-Ingenieur. Damit haben wir schon einmal einen Anhaltspunkt und wissen, dass wir uns diese Wünsche als Verkäuferin im Supermarkt nicht leisten könnten, denn die Einnahmen wären zu gering.

Nachdem wir uns über den Verdienst etwas Klarheit verschafft haben, wollen wir jetzt den ersten realen Faktor in unsere vereinfachte Rechnung aufnehmen und unseren gewünschten Zeitaufwand aus der Wunschliste mit der zu erwartenden Arbeitszeit vergleichen. Kommen die Berufe, mit denen wir die Kosten unserer Wunschliste decken können, mit einer 35-Stundenwoche aus? Kann man zwei Monate Urlaub im Jahr nehmen? Könnte man ab und zu schon einmal freitags zu einer Städtereise aufbrechen? Das sind die Fragen, die wir uns jetzt stellen.

Ein Chefredakteur kommt bestimmt nicht mit einer 35-Stundenwoche aus, und von zwei Monaten Urlaub im Jahr kann er nur träumen. Ein Diskobesitzer kann eventuell während zweier ruhiger Monate den Laden schließen oder ihn an seinen Geschäftsführer übergeben, aber das bedeutet auch weniger Verdienst. Eine 35-Stundenwoche könnte er haben, wenn er an zwei Tagen seine Disko schließt, allerdings müssen dann an den Wochenenden die Kassen klingeln.

Wenn der Barmann nur während der Saison arbeitet, kann er im Frühjahr bestimmt einen Monat Urlaub machen und den zweiten nach der Sommersaison. Allerdings muss er auch am Wochenende die Cocktails mixen.

Der Akustik-Ingenieur kann zwar am Wochenende zu Hause bleiben und vielleicht auch mal am Freitag frühzeitig verschwinden, aber mit einer 35-Stundenwoche wird er wohl nicht auskommen. Auch die zwei Monate Urlaub werden kaum möglich sein. Vielleicht kann er teilweise von seinem Schrebergarten aus arbeiten und sich so etwas zusätzlichen Freiraum verschaffen, aber so einfach wegfahren, ohne erreichbar zu sein, das kann er in seiner Position bestimmt nicht.

Mit diesen Überlegungen sind wir einen großen Schritt weiter gekommen. Wir haben gesehen, dass jeder Wunsch seinen Preis hat, und zwar einmal einen finanziellen, aber auch einen zeitlichen. Um uns noch mehr Klarheit zu verschaffen, bleiben wir beim Thema und schauen uns das magische Dreieck, bestehend aus unserer Wunschliste, den Gesamtkosten und der realen Außenwelt, einmal an einem ganz speziellen Fall an.

Morgenmuffel

Nehmen wir an, unsere Wünsche liegen weniger im materiellen Bereich, dafür umso mehr in unserer individuellen Freiheit. Wir sind zum Beispiel Morgenmuffel und wollen vor 10 Uhr überhaupt nicht angesprochen werden. Dann möchten wir in Ruhe frühstücken und mindestens eine Tageszeitung lesen. Als Individualisten sind uns die überfüllten Supermärkte am Wochenende ein Gräuel, und zum Schwimmen ins vollgestopfte Stadtbad haben wir schon gar keine Lust.

Die ruhigen Wochentage sind unsere Freude, da genießen wir Raum und Zeit, die Masse kann sich an den Wochenenden amüsieren. Ein Auto brauchen wir auch nicht, denn mit dem Fahrrad können wir alles bequem erreichen. Sollten wir doch einmal weiter weg wollen, dann nehmen wir uns einen Leihwagen oder rufen die Mitfahrerzentrale an. Dadurch belaufen sich unsere monatlichen Kosten auf ca. 1.000 Euro.

Jetzt schauen wir wieder in die Zeitung oder gehen zum Arbeitsamt um zu sehen, was in dieser Preisklasse angeboten wird. Wir finden eine große Auswahl, aber nehmen wir einfach einmal die Angebote für Tellerwäscher, Gabelstapler in der Spätschicht oder Psychologen in Halbtagsstellung.

Nehmen wir den Tellerwäscher als Beispiel:

Auf www.Arbeitsagentur.de unter Tellerwäscher erhielt man am 17.11.2004 ganze 98 Angebote. Die Bezahlung lag zwischen 1.100 und 1.400 Euro, und es gab Arbeitszeiten, die sich genau mit unseren Wünschen deckten. Teilweise wurde noch Essen und Logis angeboten, aber das hatten wir ja nicht verlangt. Auch haben wir weder ein Wort über die soziale Anerkennung noch über Aufstiegsmöglichkeiten verloren. Das ist für unseren vereinfachten Ansatz auch nicht notwendig. Dazu kommen wir noch.

Wenn wir nur die Faktoren Zeit, Ausgaben und Einnahmen in Betracht ziehen, dann wäre es also

möglich, als Tellerwäscher unseren Traum zu leben. Wir müssen nur zu träumen wagen, und schon kommen die Angebote. Natürlich haben wir unsere Neigungen und Talente noch nicht berücksichtigt, aber auch dort werden wir sehen, dass die Methode immer die gleiche bleibt. Erst müssen wir unsere Wunschliste schreiben, dann kurz kalkulieren und danach die Angebote sichten.

Dabei wird es viele Situationen geben, in denen es für unsere Wünsche keine Angebote gibt. Ein Haus am See mit eigenem Wasserflugzeug wird mit einem Tag arbeiten in der Woche schwierig zu finanzieren sein. Aber wir können uns immer noch einmal unsere Wunschliste anschauen. Vielleicht brauchen wir den Winterurlaub gar nicht, wenn wir Skilehrerin werden wollen, oder das Geld für Kleidung ist nebensächlich, wenn uns die Modebranche reizt wo wir unsere eigenen Kreationen herstellen oder vielleicht die schönsten Modelle zu Spottpreisen erhalten.

Wichtig ist, dass wir ein Gefühl dafür bekommen wie wir die Zügel für unser Leben selbst in die Hand nehmen können. Sicherlich müssen wir zwischen unserer Wunschliste und unseren Prioritäten einen Kompromiss finden, aber das ist nicht weiter schlimm, denn es sind immer noch unsere eigenen Kompromisse und keine, die uns von außen aufgezwungen wurden.

Genau deshalb ist die Wunschliste die wichtigste Grundlage für unser Traumleben. Deshalb sollen wir uns für die Erstellung der Liste Zeit lassen. Deshalb sollen wir in verschiedenartigsten Stimmungslagen in uns hinein hören. Deshalb sollen wir unsere Wünsche aufschreiben.

Der Bauch diktiert und der Kopf sortiert. Genau in dieser Reihenfolge. Alles andere ist schädlich. Denn nur, wenn wir mit unserer Wunschliste zum Berufsberater gehen, kann er auf unsere ganz persönlichen Wünsche eingehen und uns nicht mit einer Tonne von Informationsmaterial nach Hause schicken, nur weil wir leicht angedeutet haben, dass wir uns für Werbung interessieren, gern mit Holz arbeiten oder etwas mit Menschen zu tun haben wollen.

Zusammenfassung: Nur, wenn wir uns über uns selbst im Klaren sind, können wir uns aus der Vielzahl der Berufe denjenigen aussuchen, der zu uns passt.

7. Kapitel

Hurra, wir kommen

- Wir brauchen uns nicht zu verstecken
- Wir haben alle Freiheiten
- Die Gesellschaft wartet auf uns
- Die Demografie ist unser Freund
- Ausländer werden gesucht
- Grenzenlos einsetzbar

Im letzten Kapitel haben wir so getan, als könnten wir uns unsere Träume völlig problemlos erfüllen. Wir bräuchten nur in unseren Bauch hineinzuhören, die Wünsche aufzuschreiben, mal kurz zu überschlagen was das alles so kostet, und uns dann in der Zeitung die entsprechende Stelle heraussuchen.

Ist das wirklich so einfach, oder haben wir völlig die Realität verloren und sind so daneben wie der Senf auf der Torte?

Dieser Frage werden wir in diesem Kapitel nachgehen. Dabei werden wir in die Arbeitswelt schauen und untersuchen, welche Hindernisse sich uns in den Weg stellen, wie wir sie überwinden können, und was unsere Vorteile sind.

Bei den Hindernissen werden wir auf zwei Arten stoßen: Die einen sind in unserem Kopf, und die anderen stellt uns die Gesellschaft in den Weg.

Zäune im Kopf

Die Zäune in unserem Kopf sind unsere ganz persönliche Angelegenheit, darum müssen wir uns kümmern. Wir haben bereits in den vergangenen Kapiteln gesehen, dass man sie beseitigen sollte, damit die Sicht freier wird. Das ist aber nicht so einfach, und einige Restzäune bleiben immer übrig. Aber die sind ganz normal, und wir alle haben sie.

Es sind vor allem unsere Selbstzweifel, die uns plagen: Sind wir gut genug? Können wir die Anforderungen erfüllen? Sollen wir uns überhaupt bewerben? Wird man uns helfen?

Jeder Schul- oder Studienabgänger hat sie und wird sie immer haben. Es sind eigentlich die gleichen Zweifel wie seinerzeit beim Schulwechsel oder im ersten Semester. Auch damals wussten wir nicht so recht was uns erwartet, und deshalb waren wir unsicher. Wir sollten einfach Flagge zeigen und drauf lossegeln. Was soll schon passieren?

Leider machen einige den Fehler und bewerben sich erst gar nicht für Tätigkeiten oder Ausbildungsgänge die sie interessieren, nur weil sie glauben, sie werden sowieso nicht genommen.

So verhielt sich ein Freund von mir. Er hatte nach vielen Jahren Berufspraxis noch promoviert und bekam auch verschiedene Angebote. Aber eigentlich wollte er Professor an einer Fachhochschule werden. Da gab es einen Posten, der ihm zusagte, aber leider auch viele andere Bewerber. Die verschiedenen Vorauswahlen hat er zwar gut überstanden, aber als er in den engeren Kreis der letzten fünf Bewerber kam, schmiss er plötzlich das Handtuch.

„Die nehmen sowieso nur jüngere Bewerber. Ich habe keine Beziehungen. Eine ist bereits Professorin und hat einen guten Namen. Eigentlich ist mir die Arbeit zu anstrengend", waren einige seiner Begründungen.

Natürlich reagierte er mit Verwunderung, als ein Mitglied des Auswahlkomitees ihm später sagte, dass er der Wunschkandidat gewesen wäre, und sie nicht verstehen konnten, weshalb gerade er seine Kandidatur zurückgezogen hatte.

Das tat er, weil er seinen Zaun im Kopf nicht niederreißen konnte. Er war nicht mehr der einfache Projekt-Ingenieur von damals, sondern ein erfahrener Fachmann mit Promotion. Diese neuen Umstände standen zwar auf dem Papier, sie waren allerdings noch nicht in seinem Kopf angekommen. Er hat nicht an sich selbst geglaubt und das Handtuch geworfen wo er Flagge hätte zeigen sollen, schade.

Dabei sind Selbstzweifel nichts Besonderes, jeder gewissenhafte Mensch hat sie, nur der Tölpel würde seine Fähigkeiten überschätzen. Aber deshalb brauchen wir noch lange nicht aufzuhören an uns zu glauben, denn frei nach Goethe heißt es:

Geld verloren, macht nichts
Ehre verloren, macht nichts
Mut verloren, alles verloren.

Auch sollten wir nicht vergessen, dass man mit einer Aufgabe wächst. Dieses Phänomen kennt jeder Fußballer, wenn er gegen bessere Mannschaften spielt. Auch Läufer, Tennisspieler und alle anderen Sportler machen laufend diese Erfahrung. In der Arbeitswelt ist es das Gleiche. Man erzielt einfach bessere Ergebnisse, wenn man sich für eine

Aufgabe interessiert, oder wenn man von einem dynamischen Team mitgerissen wird.

Deshalb weg mit den Zäunen in unserem Kopf! Denn diese Arbeit können wir jederzeit selbst machen, der Kopf ist unser Hoheitsgebiet, da kann uns keiner reinreden.

Zutritt für Außenstehende verboten

Hier geht es um etwas ganz anderes. Hier sind es nicht unsere eigenen Zäune, sondern Hindernisse, die uns die Gesellschaft in den Weg stellt. Es geht also um die Frage, hat die Gesellschaft überhaupt Bedarf an uns? Gibt es freie Plätze? Wo kommen wir unter?

Die Antwort auf alle diese Fragen ist: Grünes Licht so weit das Auge reicht!

Wir sind zur richtigen Zeit am richtigen Platz geboren. Wir haben einfach das Glück, dass uns so viele Türen offen stehen wie selten zuvor. Unsere europäischen Nachbarländer werden kontinuierlich in die EU aufgenommen und bringen nicht nur Millionen von Menschen und Ideen näher zusammen, sondern erweitern auch unsere Märkte in nie gekanntem Ausmaß.

Millionen von Menschen wollen in unserer Europäischen Gemeinschaft leben, wir sind drin und können ohne die geringsten Formalitäten von Finnland über Irland bis Griechenland leben und arbeiten wo wir wollen. Noch nie hatten europäische Bürger derartige Möglichkeiten. Die Gesellschaft stellt uns also überhaupt keine Zäune in den Weg, sondern heißt uns auf das Herzlichste willkommen.

Die derzeitigen Probleme einiger Absolventen, eine Anfangsstelle zu bekommen, soll hier nicht verschwiegen werden, aber die werden fast immer gelöst, wenn auch in manchen Fällen dabei einige Monate vergehen.

Es handelt sich also um ein temporäres Problem und wird die meisten von uns überhaupt nicht berühren. Für uns beginnen nämlich goldene Zeiten. Der starke Rückgang der Geburtenzahlen schafft eine derartig große Nachfrage nach Mitarbeitern, dass wir uns über eine Eingliederung in die Arbeitswelt keinerlei Gedanken machen brauchen. Darüber hinaus leben wir in einer sehr dynamischen Gesellschaft, in der uns genau diese kontinuierlichen Bewegungen fortlaufend neue Einstiegsmöglichkeiten schaffen.

Nachwuchs gesucht

Vom Schädlingsbekämpfer über Physiker, Diakonissen, Kapitäne, Berufsschullehrer bis zum Landwirt suchen die Unternehmen bereits heute Nachwuchs, leider ohne Erfolg. Im Handwerk ist die Situation bereits alarmierend.

Die TA-Studie[1] hat ergeben, dass sich nur 10% der Schüler vorstellen können, einen Handwerksberuf zu lernen. Dabei bewerten Lehrlinge ihre Ausbildung im Handwerk völlig anders. 90% sind überzeugt, dass sie das Gelernte später auch anwenden können, 77% sind

[1] TA-Akademie Baden-Württemberg, 2002

mit dem Betriebsklima zufrieden, 74% sehen für ihre persönliche Weiterbildung gute Chancen, und die Möglichkeit, sich später selbständig zu machen, wird auch sehr positiv eingeschätzt.

Dennoch, das Handwerk hat massive Nachwuchsprobleme. Als Gründe[2] werden das schlechte Image der einzelnen Berufe, die sinkende Qualifikation bei gleichzeitig steigenden betrieblichen Anforderungen, und der dramatische Geburtenrückgang gesehen. Kein Wunder, dass vom Handwerk eine groß angelegte Imagekampagne gestartet wurde.

Unter www.handwerks-power.de wird kräftig für diesen Berufsstand geworben. In diesem Portal werden nicht nur mehr als 100 Berufe vorgestellt, man findet auch eine Online Lehrstellenvermittlung sowie eine große Auswahl von Praktika.

Der Zentralverband Sanitär, Heizung und Klimatechnik in St. Augustin hat sogar die „Demografie-Initiative“ ins Leben gerufen, um das Phänomen besser verstehen zu können, und des Nachwuchsmangels Herr zu werden.

Die derzeitige Diskussion über den Mangel an Ausbildungsplätzen muss also differenziert gesehen werden[3]. Beliebte Berufe und namhafte Firmen haben

---

[2] Prof. Dr. H. Meier, FH Bonn-Rhein-Sieg
[3] Siehe auch Kapitel 11

noch genügend Bewerber, aber an anderer Stelle fehlt der Nachwuchs. Dabei gibt es auch dort interessante Aussichten. Was ist falsch an einer Konditorlehre, wenn man danach überall in der Welt arbeiten kann oder ein schickes Café aufmachen könnte, wo als besonderes Ambiente nur Mozart-Musik gespielt wird? Was ist falsch am Dachdeckerberuf, wenn das Angebot an Arbeit so groß ist, dass man sich die Gegend heraussuchen kann, und wenn man will nur in den Sommermonaten arbeitet?

Ebenso prekär ist die Situation bei den Ingenieuren. Der Verband wirbt seit Jahren mit www.thinking.de, wozu er allen Grund hat. Bei den Maschinenbauern und den Elektrikern sind die Absolventenzahlen zwischen 1996 und 2002 um 50% zurückgegangen. Jetzt stabilisieren sich die Zahlen, aber die Nachfrage bleibt hoch.

Willi Fuchs, Direktor des Verein Deutscher Ingenieure e.V. (VDI), beklagte in seinem Vortrag zum Thema „Leuchtzeichen – Elektronik & Optik" den Mangel an Ingenieurnachwuchs in den Zukunftstechnologien. Dadurch gehen der Wirtschaft 50.000 Arbeitsstellen und eine Wertschöpfung von 2,5 Milliarden Euro verloren[4].

Wen wundert es, dass im Herbst 2004 bereits die ersten zweitägigen Seminare[5] für Unternehmer ange-

---

[4] Bundesministerium für Bildung und Forschung vom 07.08.2004

[5] www.azubitage.de

boten wurden, wo ihnen beigebracht wurde wie man bei zu erwartendem Nachwuchsmangel immer noch genügend Interessenten für ihre Unternehmen gewinnen kann.

Mitarbeiter gesucht

Aber nicht nur Nachwuchs wird gesucht. Eine Umfrage[6] in Unternehmen der Optischen Technologie hat ergeben, dass 10.000 Mitarbeiter fehlen. Das Hauptproblem dieser Branche sind nicht fehlende Aufträge, sondern der Mangel an Führungskräften und qualifizierten Facharbeitern. Nur 13% der Unternehmen haben keinen Personalmangel.

Zwei Jahre nach diesem Notruf startete die Bundesregierung[7] eine Großoffensive, und die Bundesagentur für Arbeit hat zwischenzeitlich auf ihrer Internetseite 61 Bildungsziele für den Bereich Optische Technologien aufgelistet.

Man erwartet, dass die Branche in den nächsten zehn Jahren um jeweils 10% wachsen wird, und dass bis 2010 allein in Thüringen 5.800 Nachwuchskräfte gebraucht werden.

Auch in der Altenpflege fehlen Mitarbeiter. Derzeit sind es 20.000 Fachkräfte und man prognostiziert, dass innerhalb der nächsten zehn Jahre im gesamten Pflegebereich bis zu 2 Millionen (!!!) Fachkräfte fehlen werden[8].

---

[6] SPECTARIS, Deutscher Industrieverband für optische, medizinische und mechatronische Technologien e.V, 2002

[7] Bundesministerium für Bildung und Forschung vom 06.04.2004

[8] Bundesinstitut für Berufsbildung (BiBB) 4/2004, Okt. 2004

Mit welchen Problemen die Arbeitgeber zu rechnen haben, zeigt das Beispiel des Kantons Aargau in der Schweiz. Dort wurden im Jahr 2003, also einer Zeit wo gerade die IT-Branche viele Mitarbeiter freisetzte, drei IT-Systemelektroniker gesucht. Es meldeten sich 250 Bewerber, von denen nach der ersten Sichtung 20 übrig blieben, da die restlichen hoffnungslos unterqualifiziert waren.

Im zweiten Schritt hat man dann diejenigen ausgewählt, die eine Qualifikation hatten wie man sie sich in Wirklichkeit gewünscht hätte, sie aber nicht in der Annonce erwähnte, weil sich so viel Bewerber wie möglich melden sollten. Dann blieben nur noch fünf Kandidaten übrig. Nach den Vorstellungsgesprächen und der Absage eines Interessenten war man glücklich, überhaupt Fachleute für die drei offenen Stellen gefunden zu haben.

Wenn es so viel Bedarf an Mitarbeitern gibt, wieso hat Deutschland dann mehr als vier Millionen Arbeitslose? Ganz einfach, da müssen wir uns nur die Statistik[9] etwas genauer anschauen: 45% unserer Arbeitslosen[10] haben keinerlei Berufsausbildung! Diese Zahl ist seit Jahren konstant. Dazu kommen noch weitere 15%, die zwar formal eine Ausbildung haben, aber deren Berufe es nicht mehr gibt. Somit sind ca. 60% der Arbeitslosen für unsere moderne Gesellschaft einfach nicht genügend ausgebildet.

---

[9] IAB, Institut für Arbeitsmarkt- und Berufsforschung, 2002

[10] Alte Länder und Berlin-West. Da in den Neuen Ländern und Berlin-Ost viele „Auslaufmodelle“ unter „abgeschlossener Ausbildung“ gelistet werden, wäre eine Aussage auf Gesamtdeutschland wertlos

Hätten diese Arbeitslosen eine adäquate Ausbildung, dann würde zumindest rechnerisch die Arbeitslosigkeit von 10% auf 4% sinken, und das ist ein Prozentsatz, den man als Vollbeschäftigung bezeichnet, denn in einer dynamischen Gesellschaft werden immer wieder Arbeitskräfte freigesetzt, die bis zur Neueingliederung einfach für kurze Zeit arbeitslos sind.

Aber Arbeitslosigkeit ist nicht unser Thema, das überlassen wir besser den Experten[11]. Wir haben Wichtigeres zu tun. Nachdem wir die inneren und äußeren Hindernisse besser kennen gelernt haben, sollten wir uns jetzt ruhig einmal etwas zurücklehnen und uns auf unsere Zukunft freuen, denn es kommt noch viel besser.

Menschen gesucht

Die demografische Zeitbombe tickt. Das haben wir zwar schon öfter erwähnt, aber worum geht es hier eigentlich?

Ganz einfach, die geringen Geburtenraten erzeugen in allen Industrienationen einen raschen Bevölkerungsrückgang. In Deutschland ist dieser Prozess bereits jetzt so weit fortgeschritten, dass auch ein neuer Baby-Boom oder ein Zuzug von 200.000 Ausländern jährlich[12] diesen Trend nicht aufhalten könnte.

---

[11] M. Miegel, „Die deformierte Gesellschaft“ S. 174ff

[12] IAB, Institut für Arbeitsmarkt- und Berufsforschung N° 9/2003

Die ersten Auswirkungen sind bereits heute in den Kindergärten spürbar, werden sich ab 2006 im raschen Rückgang von Azubis bemerkbar machen und ab 2020 auf das gesamte Erwerbspersonal übergreifen. Die genannten Werbekampagnen des Handwerks und der Ingenieurberufe sind nur die ersten Reaktionen auf diese neue Realität.

Wir kommen also zur rechten Zeit. Die Nachfrage nach unserer Generation wird sich in den nächsten Jahren rasant erhöhen. Die Zahlen sprechen für sich. Dabei beruhen die demografischen Zahlen nicht auf komplizierten Berechnungen oder exotischen Annahmen, hier wurden ganz schlicht und einfach die Geburtsurkunden gezählt, und es gibt eben zu wenig Babys.[13]

Deshalb wird dringend nach neuen Erwerbstätigen innerhalb unserer Gesellschaft gesucht. Auf den ersten Blick bietet sich das Reservoir der nicht arbeitenden Frauen an. Aber diese Quelle ist nicht sehr ergiebig, da sich der Anteil der erwerbstätigen Frauen von 46% im Jahr 1970 bereits auf 62% im Jahr 2000 erhöht hat[14]. Dennoch, die Nachfrage nach erwerbstätigen Frauen wird weiter wachsen, und es werden sich für die Frauen völlig neue Möglichkeiten ergeben. Die Wiedereingliederung nach der Geburt der Kinder wird kein Problem mehr sein, und man wird neben Teilzeit- und Heimarbeit auch betriebs-

---

[13] In 2005 gibt es bereits aus demografischen Gründen einen Rückgang des Erwerbspersonenpotentials von 188.000 Menschen. IAB N°17/2004 S.8

[14] Trendbuch Deutschland S. 121, ISBN 3-89331-434-2

eigene Kindergärten anbieten, um mehr Anreize für die Arbeitsaufnahme zu schaffen. Die Aufstiegsmöglichkeiten innerhalb der Hierarchien werden sich nach vielen erfolglosen Jahrzehnten endlich auch wesentlich verbessern.

Als einzig verbleibendes Potenzial neuer Arbeitskräfte kommen unsere ausländischen Mitbürger in Frage. Gerade dieser Gruppe stehen in unserer exportorientierten Gesellschaft Tür und Tor offen. Die Positionen an den Schaltstellen mit dem Ausland sind für diesen Personenkreis maßgeschneidert. Zwei Muttersprachen und multikulturelle Erfahrungen bringen sie von Natur aus mit, nun brauchen sie sich nur noch die berufsspezifischen Kenntnisse anzueignen. Leider werden diese Möglichkeiten noch nicht entsprechend genutzt. Der Bildungseifer muss noch etwas mehr stimuliert werden. Um dennoch diesen Bedarf an den Schnittstellen mit dem Ausland zu decken, wird derzeit an 20 Hochschulen das Fach Interkulturelle Kommunikation angeboten. Um ein Signal zu setzen, hat das Bundesinstitut für Berufsbildung Anfang 2004 die ländliche Erwachsenenbildung in Niedersachsen mit dem Weiterbildungs-Innovationspreis ausgezeichnet, weil dort mit der Qualifizierung für ImmigrantInnen genau dieses Thema angegangen wurde. In diesem Kurs wurden die Teilnehmer ganz spezifisch für In- und Exportabteilungen größerer Betriebe und als Consultants für außenwirtschaftliche Geschäftsbeziehungen ausgebildet, denn genau dort gibt es großen Bedarf.

Das alles ist ein Grund mehr, uns zu überlegen wie wir leben wollen. Denn wenn wir unsere persönlichen Interessen nicht in den Griff bekommen, werden wir noch mehr Schachfiguren von fremden Prioritäten sein. Im Klartext heißt das: Wir müssen noch mutiger sein, einfach NEIN zu sagen. Sollte uns das nicht gelingen, dann verbringen wir als Werk-zeuge der Firmen unser Leben am Arbeitsplatz, oder wenn wir selbständig sind, müssen sich unsere Familien bei der Sekretärin einen Termin geben lassen, um uns sehen zu können.

Köpfe und Hände gesucht

Nach diesen weitgehend quantitativen Betrachtungen jetzt noch ein kurzer Blick auf die qualitative Entwicklung unserer Arbeitsplätze.

Da wir uns immer mehr zu einer Dienstleistungsgesellschaft entwickeln, werden auch die Anforderungen steigen. Dieser Trend zeichnet sich schon seit vielen Jahrzehnten ab. Zwischen 1991 und 2002 stieg die Zahl der Akademiker um 1,6 Millionen, ohne dass sich deren Arbeitslosenzahl wesentlich erhöhte[15]. Dieser Trend hat sich fortgesetzt und wird unser gesamtes Berufsleben prägen.

Aber nicht nur die Akademiker, sondern auch die Facharbeiter werden ihre wichtige Rolle beibehalten und ebenfalls sehr gute Berufsaussichten haben. Nur Arbeiter ohne Berufsausbildung werden auf der

[15] IAB Kurzbericht N° 20/2003

Straße stehen. Aber das ist nichts Neues, bereits heute hat diese Gruppe mit Abstand die höchste Arbeitslosenquote.

Wir, die wir uns unseren Wünschen entsprechend qualifizieren wollen, könnten also zu keiner besseren Zeit geboren sein. Nicht nur im Inland, sondern in der gesamten Europäischen Gemeinschaft wird man uns aufgrund der beschriebenen Entwicklung hofieren, ja man hat bereits damit begonnen.

In England hat die Physikalische Gesellschaft im Januar 2004 entschieden, jedem, der das Physikstudium wählt, eine jährliche Unterstützung von 1000 Pfund zu geben.

Die französischen Forscher hatten im Jahr 2004 ein durchschnittliches Alter von 47 Jahren und fast die Hälfte von ihnen wird zirka 2010 im Ruhestand sein. Also auch dort wird es demnächst sehr eng.

In den USA sind derzeit 16.000 deutsche Nachwuchswissenschaftler tätig. Die braucht man unbedingt zu Hause. Deutsche Firmen gründeten die German Scholars Organisation (www.gsonet.de), die bereits jetzt den Lockruf über den großen Teich sendet: „Tauscht Hamburger gegen Klöße mit Schweinebraten ein!“

Wir sind die Könige, wir sind die Superstars, „Hurra, wir kommen!“

Zusammenfassung: Wir gehören zu den geburtenschwachen Jahrgängen, allein dadurch können wir auswählen, was wir machen wollen.

8. Kapitel

Hilfe, ich muss mich entscheiden

- Wer ist sich schon wirklich sicher?
- Jeder Beruf kann Erfüllung bringen
- Eltern geschickt um Rat fragen
- Sachlich bleiben
- Negativauswahl benutzen
- Entscheiden müssen wir uns immer

Hilfe, ich muss mich entscheiden

Nach so vielen Informationen über die spätere Zukunft führt uns unsere Reise wieder einmal näher zu uns selbst.

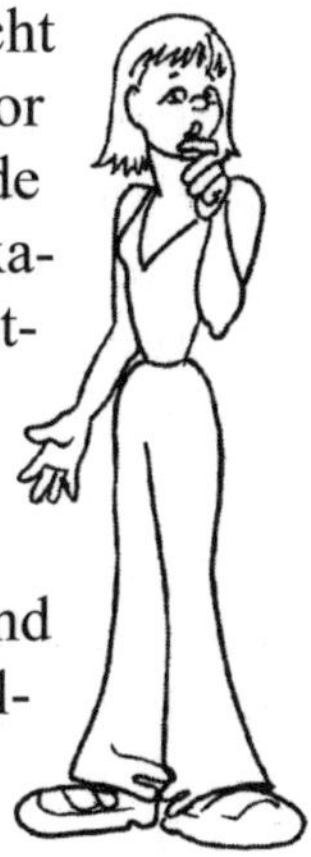

Als Schulabgänger überkommt uns leicht eine panische Angst, wenn wir plötzlich vor der Berufs- & Studienwahl stehen. Gerade noch haben wir uns vollständig auf die Examen konzentriert und jetzt sollen wir Entscheidungen treffen, die unsere ganze Zukunft wesentlich prägen. Das ist nicht einfach. Die Auswahl ist riesig. Es gibt so viele Lehrberufe wie das Jahr Tage hat, und so viele Studiengänge wie die Hochschulgeschichte lang ist. Kein Wunder, dass uns die ersten Schweißperlen auf der Stirn stehen.

Hier befinden wir uns allerdings in der Mehrheit[1]. Selbst unsere Freunde mit klaren Zukunftsvorstellungen werden auf einmal unsicher, wenn man ihre Argumente hinterfragt. Das passierte während der Abi-Messe in Berlin bei einer Podiumsdiskussion, bei der Experten aus Industrie und Hochschule mit einer Abiturientin zusammen saßen. Die Abiturientin wusste genau, dass sie Physiotherapeutin werden wollte, und ihre Argumente klangen logisch. Als im anschließenden Workshop die Erfolgsbuchautorin,

[1] Dr. Heidi Hudabiunigg, Ausbildungs- und Berufsvorstellungen, Wunsch und Wirklichkeit

Frau Uta Glaubitz[2], von persönlichen Wunschlisten, erfolgreichen Momenten im eigenen Leben und Traumberufen sprach, wurde die Abiturientin auf einmal unsicher. Als dann noch die anderen Teilnehmer aufgefordert wurden, Berufsberater für die Abiturientin zu spielen, wurde es richtig lustig. Den Vorschlag, doch Journalismus zu studieren, nahm sie sehr positiv auf, „das habe ich heute Nacht geträumt“, gab sie unumwunden zu, auch Sportlehrerin konnte sie sich auf einmal sehr gut vorstellen, weil das ja ihr Lieblingsfach war.

Also keiner ist sich so richtig sicher, kann er auch gar nicht sein, denn niemand kann die Zukunft voraussehen. Deshalb sollten wir keine Panik aufkommen lassen, wenn wir bezüglich der Berufswahl noch unsicher sind, sondern wir sollten uns konstruktiv mit diesem Thema befassen. Und genau das machen wir jetzt.

Woher kommen die strahlenden Augen?

In unserer Altersgruppe von 14-24 Jahren muss sich jeder von uns für einen Lebensweg entscheiden. Ein Hauptschüler hat vielleicht schon mit 14 Jahren eine Berufsrichtung auszuwählen, während sich ein Gymnasiast noch ein paar Jahre Zeit lassen kann. Das ist ein Vorteil. Je besser man informiert ist, desto besser kann man sich entscheiden.

Wer sein Ziel im Leben schneller erreicht, ist damit allerdings noch nicht entschieden, vom Lebensglück ganz zu schweigen. Der mehr praktisch veran-

[2] Der Job, der zu mir passt, Uta Glaubitz, ISBN 3-593-37219-3

lagte Hauptschüler, der sich für eine Bäckerlehre entschieden hat, wird mit 19 Jahren vielleicht schon seine erste Anstellung auf einem Luxusschiff antreten und fleißig Bewerbungen an Hotelfachschulen in Italien schreiben, während der Abiturient im gleichen Alter noch zwischen einem Praktikum und einer Dualen Ausbildung abwägt.

Fünf Jahre später überlegt der Abiturient vielleicht, ob er promovieren soll oder es besser wäre, sich in einen MBA-Kurs in Toronto einzuschreiben. Zu dieser Zeit hat der ehemalige Bäckerlehrling vielleicht bereits fünf Angestellte und ist stolzer Besitzer eines Cafés in der Toskana.

Das Lebensglück hängt nicht von einem speziellen Beruf ab. Wäre es so, dann würden alle nur diesen einen einzigen Beruf ausführen.

Das Lebensglück hängt aber zu einem großen Teil davon ab, ob man den für sich passenden Beruf findet. Wer frühmorgens drei Wecker braucht um aufzustehen, und dann widerwillig zur Arbeit geht, der wird kein glückliches Leben führen.

So geht es einem anderen meiner Freunde. Er ist Neurologe, würde aber viel lieber Theaterstücke schreiben. Seine Arbeit interessiert ihn nicht wirklich und er nimmt jede Gelegenheit wahr, um ja nicht in seine Praxis gehen zu müssen. „Nur weg“, ist seine Devise. Die Fluggesellschaften machen ein tolles Geschäft mit ihm. Aber spätestens auf dem Rückflug

nähert sich seine gute Laune wieder dem Nullpunkt.
Wer möchte dort Patient sein?

Wer allerdings seine Berufung gefunden hat, dem sieht man es auf den ersten Blick an. Dazu gehört ein weiterer Freund, der gerade seine Kellnerlehre in Baden-Baden absolviert. Er kam selbst am stressigen Silvesterabend, an dem alle Tische besetzt waren, die Gäste feierten und er arbeiten musste, mit strahlenden Augen zu mir, um mich auf das herzlichste zu begrüßen.

Mit der Einstein'schen Methode aus dem dritten Kapitel, unserer Wunschliste und einer nachfolgenden maßgeschneiderten Berufsberatung haben wir uns bereits wesentlich unseren strahlenden Augen genähert. Das muss allerdings nicht immer der Fall sein. Es wird immer noch einige unter uns geben, die sich einfach nicht schlüssig sind.

Das ist ganz normal. Wer ist sich schon seines Berufs ganz sicher? Auch diejenigen, die bereits jahrelang in Amt und Würden sind, können sich in der Regel leicht vorstellen, auch etwas ganz anderes zu machen. Kein Wunder also, dass wir uns wie auf einer Eisscholle vorkommen und rettendes Land suchen.

Leider ist das oftmals nicht in Sicht. Dennoch sind wir zu einer Entscheidung gezwungen. Die Schulzeit geht zu Ende, unsere Freunde verschwinden in alle Himmelsrichtungen, und auch wir müssen irgendeinen Weg einschlagen. Es wird also ernst.

Wir werden deshalb einige Tricks anwenden, damit wir nicht gleich ein Eigentor schießen bevor das Spiel eigentlich richtig begonnen hat.

Familienfotos anschauen

Im zweiten Kapitel haben wir den Einfluss unserer Familie und deren Problematik behandelt. Dennoch werden wir uns hier zwei konstruktive Methoden aneignen, die unsere Familie betreffen und die zu sehr guten Ergebnissen führen werden. Dabei ist es völlig egal, ob unsere Eltern noch zusammen sind oder getrennt leben. Die Methoden funktionieren immer, sogar für unsere gesamte Familie, also unsere Verwandtschaft. Wir nutzen einfach diese natürlichen Bindungen aus, denn wir sind und bleiben Teil dieser Gemeinschaft.

Zuerst schauen wir uns einmal das Familienalbum an, und zwar das von unseren Eltern, Tanten, Großeltern und sonstigen Verwandten. Uns interessiert dabei der Zeitpunkt, als sie so alt waren wie wir jetzt sind. Einige Fotos mögen ein halbes Jahrhundert alt sein, aber das macht nichts. Das gesellschaftliche Umfeld war vor ein oder zwei Generationen etwas anders, aber die grundlegende Herausforderung bezüglich der Berufs- & Studienwahl hat sich nicht viel verändert. Seinen Weg zu finden, war damals genauso schwierig wie heute. Und da die Verwandten uns mit ihrer Erfahrung um Jahrzehnte voraus sind, werden wir diese Quelle nutzen.

Dabei gehen wir geschickt vor. Erst fragen wir allgemein und dann ganz speziell.

Der allgemeine Teil ist ein lockeres Gespräch, und dafür bietet sich folgender Themenkatalog an:

1. Welche Möglichkeiten gab es damals?
2. Was wolltest du eigentlich am liebsten werden?
3. Warum hast du letztlich deinen Beruf gewählt?
4. Würdest du dich noch einmal so entscheiden?

Das reicht für den Anfang völlig aus. Wenn wir dann noch einige Bilder aus deren Jugend vorbereitet haben, können wir uns auf eine interessante Unterhaltung gefasst machen. Das wird besonders dann der Fall sein, wenn wir diese Unterhaltung ankündigen, damit sich unsere Bezugsperson etwas vorbereiten kann und wir uns gemütlich in eine ruhige Ecke verziehen.

Diese zwangslose, aber zielgerichtete Unterhaltung ist die Vorbereitung für den nächsten Schritt, der uns viel spezifischere Ergebnisse bringen wird.

Fragebogen

Es gibt viele Gründe, einen kleinen Fragebogen auszuarbeiten. Vielleicht leben einige Verwandte weit entfernt, ein Elternteil ist gerade im Ausland beschäftigt, die Eltern sind geschieden, man hatte schon seit Jahren keinen Kontakt mehr mit einem Elternteil, oder vielleicht kommt es immer zu hitzigen Auseinandersetzungen über dieses Thema. Ein

Fragebogen versachlicht die Problematik ungemein, auch wenn das Vorgespräch vielleicht nicht so gut gelaufen ist.

Mit dem Fragebogen gehen wir allerdings noch diplomatischer vor. „Ich brauche deine Hilfe“, macht sich als Überschrift schon mal gar nicht schlecht, denn wer will die verweigern? Dann weisen wir auf unsere Situation hin, also auf die Tatsache, dass wir uns für eine Laufbahn entscheiden müssen, aber noch zu keinem Ergebnis gekommen sind. Deshalb bitten wir um Hilfe. Hier wenden wir uns gerade an diesen Verwandten, weil er uns seit Jahren kennt und uns um Jahrzehnte an Erfahrung voraus ist. Die Fragen könnten so aussehen:

1. Wo siehst du meine Stärken?
2. Welchen Weg sollte ich aus deiner Sicht einschlagen?
3. Welche weiteren Alternativen könntest du dir für mich vorstellen?
4. Wovon sollte ich deiner Meinung nach die Hände lassen?

Hinter jeder Frage lassen wir genügend Platz für die Antworten. Ein DIN-A4-Blatt sollte dabei ausreichen. Wenn wir dann noch ein Bild auf den Fragebogen kleben, welches den Verwandten in unserem Alter zeigt, dann regt das noch mehr zum Nachdenken an.

Mit dem Fragebogen haben wir zu erkennen gegeben, dass es uns ernst ist, wie sehr wir an deren Meinungen interessiert sind, aber dass wir auch noch andere Personen fragen. Daraus kann man leicht ersehen, dass wir es sind, die sich am Ende entscheiden, denn es handelt sich letztlich um unser Leben.

Unser Arbeitsaufwand ist dabei gering. Den Fragebogen können wir kopieren und den verschiedenen Verwandten vorlegen, wir müssen nur das Bild ändern.

Der große Vorteil dieses Vorgehens liegt in der Vergleichbarkeit der Antworten. Wir haben also eine kleine Datensammlung von Meinungen. Darüber hinaus nehmen wir unsere Verwandten in die Pflicht, denn wir haben ihren Rat schwarz auf weiß. Dadurch binden wir sie konstruktiv in unser Leben ein. Das schafft eine solide Grundlage für spätere persönliche Unterhaltungen oder eventuelle aktive Hilfe bei Vermittlungen jeglicher Art bis hin zur finanziellen Unterstützung.

Sollte ein Familienangehöriger nicht gern schreiben, dann nehmen wir seine Antworten einfach auf ein Tonband auf. Das Medium ist egal, was wir brauchen, ist sein Rat. Wir müssen nur aufpassen, dass man uns nicht sagt, „Du musst selbst wissen, was du willst, da rede ich dir nicht rein."

Diese Art von Ratschlag dürfen wir nicht akzeptieren, so einfach soll sich keiner aus der Verantwortung schleichen können. Wir möchten von den Erfahrungen unserer Verwandten profitieren, und uns so einfach im Regen stehen zu lassen, hilft uns nicht weiter.

Wir können diesen kleinen Fragebogen auch jeder anderen Person vorlegen, von der wir glauben, dass sie uns wohlgesonnen ist und ein Interesse an unserem Werdegang hat. Das könnte zum Beispiel ein Lehrer sein, unser Zahnarzt, unser Frisör oder ganz einfach ein Freund. Hier gibt es keinerlei Beschränkungen. Wir schaffen uns durch den Fragebogen einen sachlichen Wissenstransfer, dem sich auch der Gefragte nicht entziehen kann.

Entscheidungshilfen

Die beiden oben genannten Methoden werden eine gute Hilfestellung sein, aber da unsere Verwandten nicht alle Fragen beantworten können, müssen wir uns noch andere Quellen erschließen. Dazu beginnen wir am besten wieder einmal bei uns selbst.

Wir mögen zwar immer noch nicht wissen, wofür wir uns entscheiden sollen, aber wir wissen zumindest, was wir nicht wollen. Wollen wir praktisch arbeiten, oder reizt uns die Theorie? Sind uns Menschen wichtig und könnten wir uns Pflegeberufe vorstellen, oder sind wir eher Schreibtischtäter? Neigen wir zu den Naturwissenschaften, oder interessiert uns mehr das Soziale? Haben wir einen Hang zur Kunst, oder könnten wir uns eher eine Beamtenlaufbahn vorstellen? All diese Fragen sind in der Regel leicht zu beantworten. Man nennt dieses Verfahren Negativauswahl, und es hilft uns, schneller zum Wesentlichen zu kommen.

Dann gibt es kostenlose professionelle Hilfe. Die Arbeitsagentur bietet bergeweise Eignungstests an. Die Tests können zwar nur gute Empfehlungen geben wenn man sie gut füttert, aber das ist bei jeder Beratung so. Wenn wir keine bestimmten Interessen haben, und uns vom Korbmacher bis zum Eventmanager alles vorstellen können, dann wird jeder Eignungstest überfordert sein. Dennoch sollten wir einige dieser Tests machen, denn schon das Beschäftigen mit diesen Fragen wird uns weiter helfen, eine erfolgreichere Berufs- & Studienwahl zu treffen.

Das Beispiel einer Freundin illustriert dieses Thema sehr gut. Sie wusste eigentlich gar nicht so recht, was sie werden wollte. Mit Menschen wollte sie schon gern zusammen sein, Basteln lag ihr auch, aber Mathematik und große Firmen konnte sie nicht riechen.

Sie fütterte den Computer im Berufsinformationszentrum, und der spuckte Hörgeräteakustikerin aus.

Von diesem Beruf hatte sie vorher noch nie gehört, und dennoch hat sie sich für diese Lehre entschieden und ist mit großer Begeisterung bei der Sache. Neulich hatte sie in ihrem einstigen Horrorfach Mathematik sogar eine Eins, ein klarer Ausdruck ihrer positiven Einstellung zum Beruf.

Sehr zu empfehlen ist für angehende Azubis und Studenten ein Praktikum. Hier lernen wir nicht nur einen Beruf, sondern auch gleich eine Firma kennen. Wenn hier die „Chemie“ stimmt, dann öffnen sich für uns auch die größten Türen.

Die Firmen sind natürlich auch sehr daran interessiert, uns unter Real-Life-Bedingungen zu testen. Eine bessere Kostprobe können sie gar nicht bekommen. Leider nutzen wir diese Chance viel zu selten, und wenn, dann hinterlassen wir keinen guten Eindruck.

Die Firmen achten besonders auf Eigeninitiative, werden allerdings bei den angehenden Azubis in 80 Prozent der Fälle[2] enttäuscht. Das beginnt bereits bei der Suche eines Praktikums. Hier verlassen wir uns viel zu oft auf unsere Eltern, anstatt selbst aktiv zu werden. Passivität gemischt mit Interessenlosigkeit ist allerdings konzentriertes Gift für einen späteren Ausbildungsvertrag oder eine Anstellung; zeigt es doch deutlich, dass man sich über sich selbst und

[2] www.bibb.de, 1/2004

seinen Lebensweg nicht allzu viele Gedanken gemacht hat.

Wie will man aber die Interessen einer Firma vertreten, wenn einem schon der eigene Erfolg egal ist? Welcher Unternehmer möchte solche Leute im Team haben? Dabei öffnet eine kleine Geste wie: „Das mache ich, darum brauchen Sie sich nicht mehr zu kümmern“, die Herzen und Anstellungsverträge jedes Unternehmers.

Vielleicht wollen wir auch etwas ganz anderes machen, aber dann sollten wir es gefälligst auch tun und endlich die Zügel unseres Lebens selbst in die Hand nehmen. Aber das Thema hatten wir ja bereits.

Keine Angst

Und jetzt noch etwas Grundsätzliches: Ob eine Entscheidung gut oder schlecht ist, stellt sich immer erst in der Zukunft heraus. Dennoch müssen Entscheidungen in der Gegenwart getroffen werden, so ist nun mal das Leben. Das geht allen so, und deshalb werden wir auch später immer wieder mit dieser Herausforderung konfrontiert werden. Hier einige Beispiele:

- Kaum ist der Winterschlussverkauf vorbei, muss der Einkäufer schon die neue Winterkollektion bestellen. Ob er den Geschmack der Kunden trifft, wird sich erst in einem Jahr zeigen.
- Der Heilpraktiker eröffnet seine Praxis im Neubaugebiet. Ob genügend Patienten kommen, kann ihm keiner garantieren.

- Autohersteller investieren Millionen in die Entwicklung neuer Modelle, ob sie damit Käufer anlocken, bleibt abzuwarten.
- Der Chefanalytiker einer Bank kauft Siemensaktien. Ob sie wirklich steigen werden, weiß er nicht. Wüsste er es, dann würde er sein gesamtes Vermögen und das seiner Familie investieren, und bräuchte als Millionär nicht mehr jeden Morgen ins Büro zu fahren. Leider weiß er es nicht, aber entscheiden muss er sich dennoch.

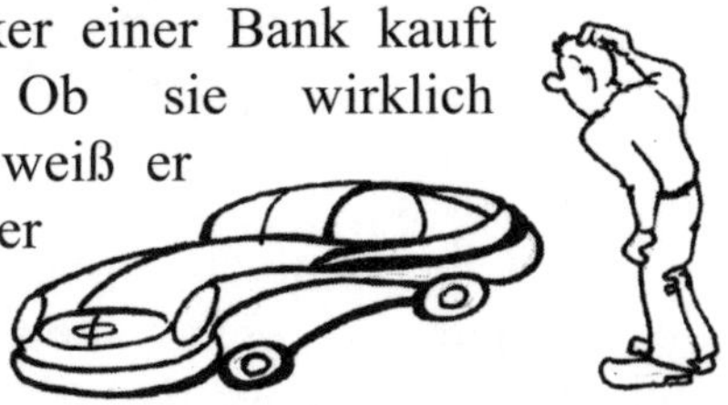

Uns geht es genauso. Auch wir müssen uns für einen Beruf oder ein Studium entscheiden, ohne wirklich sicher sein zu können, ob die Wahl gut ist, denn das kann nur die Zukunft zeigen. Aber wenn wir unsere Hausaufgaben gemacht haben, sollten wir zumindest in die richtige Richtung laufen, und Feineinstellungen können wir immer noch vornehmen. Unsere Ausbildung wird uns mit vielen Teilgebieten in Verbindung bringen und wir werden uns auf einmal für Themen interessieren, von denen wir heute noch gar nichts gehört haben.

Sollten wir uns mit unserer Entscheidung dennoch fundamental getäuscht haben, dann können wir immer noch den Beruf oder den Studiengang wechseln. Die Welt geht deswegen nicht unter, im Gegenteil: Wir haben eine Erfahrung gemacht, wir hatten den Mut NEIN zu sagen, und das nächste Mal wissen wir mehr und machen es besser.

Sollten wir allerdings auch nach gründlichem Studium noch nicht wissen wofür wir uns entscheiden sollen, dann ziehen wir eine weitere Trumpfkarte aus dem Ärmel.

Wir bleiben einfach auf der Schule, denn sie ist die Überholspur im Leben und der beste Türöffner. Sollten wir allerdings das Abitur bereits haben, dann nehmen wir uns einfach ein Jahr Auszeit um nachzudenken. Wir könnten ein soziales Engagement eingehen, endlich mit unserer Theatergruppe übers Land ziehen, uns in einen Sprachkurs einschreiben, ein Praktikum in China beginnen, ganz einfach nach Baku laufen, eine Au-pair-Stelle annehmen oder es wie Marie machen und unsere Freunde in der ganzen Welt besuchen und dann ein Buch[3] darüber schreiben.

Alles was uns hilft, eine überlegte Entscheidung zu treffen, ist gut.

Zusammenfassung: Jede Entscheidung kann eine Fehlentscheidung sein. Auch sich nicht zu entscheiden gehört dazu.

---

[3] Marie Pohl, Maries Reise, ISBN 3-8077-0169-9

9. Kapitel

Erfolg braucht der Mensch

- Erfolg ist etwas Natürliches
- Erfolg hat viele Wege
- Erfolg ist was wir darunter verstehen
- Ganz ohne Erfolg ist es nicht lustig
- Zu viel Erfolg kann schaden
- Unsere Stärken machen uns erfolgreich

Erfolg braucht der Mensch

Wenn wir hier von Erfolg sprechen, dann meinen wir nicht Erfolgsbilanzen einer Firma, oder erfolgreicher Exportnationen, erfolgreiche Wahlstrategien oder erfolgreiche Fußballklubs, nein, wir blicken wieder auf die Menschen, also auf uns selbst. Wir fragen uns, ob Erfolg etwas Natürliches ist und welche Auswirkungen er auf uns hat. Und um das zu erfahren, gehen wir am besten auf den Kinderspielplatz.

Dort werden wir sehen wie die Kinder herumtoben und die Eltern auf der Parkbank sitzen.

„Schau mal Mammi wie schön ich Seil springen kann!“
„Schau Papa, ich bin ganz oben auf der Leiter!“
„Ich habe gar keine Angst mehr vor der Rutsche!“
„Ich kann schwimmen!“
„Ich kann richtig freihändig Rad fahren!“

Die Kinder zeigen stolz ihre neu erlernten Fähigkeiten, und die Eltern müssen immer wieder loben. Gut, hervorragend oder prima, wollen die Kinder hören, und zwar ohne Ende. Würden die Eltern nicht irgendwann einmal zum Aufbruch rufen, könnten die Kinder endlos weiter spielen. Sie sind hier in ihrer natürlichsten Phase, sie leben ihre ureigensten Bedürfnisse aus, sie sind glücklich.

Uns interessiert hier allerdings nur der Aspekt des Erfolges. Die Kinder spielen, probieren neue Fertigkeiten aus und wollen gelobt werden, wenn sie es endlich können. Natürlich schielen sie auch auf die größeren Kinder, die bereits schwierigere Aufgaben meistern. Das spornt an, das will man auch können, das machen sie nach. Vielleicht müssen die Eltern ihnen noch Mut zusprechen und Hilfestellung geben, aber wenn sie die neue Aufgabe beherrschen, dann können sie nicht genug Lob bekommen. Die Eltern geben es gern, denn es schafft im Kind Selbstvertrauen und Stolz. Vergessen sind die vielen Fehlversuche und Ängste, jetzt kann man Seil springen oder ganz allein schaukeln und man genießt den Erfolg, denn der „lässt eine Unzahl von Fehlleistungen vergessen." (B. Shaw)

Wir können davon lernen, denn bei uns ist es nicht anders. Zum einen entwickeln wir uns viel besser, wenn wir mit aktiven Freunden zusammen sind, aber das ist nicht unser Thema, und zum anderen ist Erfolg die Grundlage für Wachstum. Das Spielerische unserer Kindheit haben wir zwar verloren, aber der natürliche Wunsch nach Erfolg ist uns geblieben, selbst wenn wir uns dessen nicht bewusst sind. Die Kinder brauchen den Erfolg, um sich gesund zu entwickeln, und wir brauchen den Erfolg, um glücklich zu leben.

Zwei Arten von Erfolg

Es gibt den inneren und den äußeren Erfolg. Die Kinder sind noch in der Entwicklungsstufe und ausschließlich auf den äußeren Erfolg angewiesen. Hier müssen die Eltern und später die Lehrer, Trainer und Nachbarn loben.

Wenn wir allerdings etwas reifer geworden sind, dann sind wir nicht mehr ausschließlich auf das äußere Lob angewiesen, sondern können uns auch selbst loben. Der gute Vortrag in der Klasse, die erste Konversation in einer Fremdsprache mit einem Ausländer, der Führerschein oder die erste selbst gebastelte Webseite sind Gründe, uns zu loben. Dazu brauchen wir niemanden sonst, das war einfach Klasse, da fühlen wir uns gut, da haben wir etwas geschafft, da haben wir ein Erfolgsgefühl.

Dieser innere Erfolg ist etwas ganz Persönliches, da bestimmen auch nur wir, was wir unter Erfolg verstehen. Was die Anderen darüber denken, ist uns egal. Hier ein Beispiel:

Dora ist eine sehr bekannte Designerin mit privater Akademie. Ihre Studiengänge sind so ausgebucht, dass gerade ein Neubau entsteht, der Platz für weitere 200 Studenten bieten wird. Die Frau ist sehr erfolgreich. Sie selbst fand das allerdings gar nicht und gab als wirklichen Erfolg die Beziehung zu ihrer Tochter an.

Diese hatte offenbar schon als Kleinkind und besonders in der Pubertät eine sehr ausgeprägte Persönlichkeit. Die Mutter konnte es ihr nie recht machen, und ein gütiges Zusammenleben war sehr schwierig. Dennoch fand Dora die Kraft, auch nach Zwistigkeiten das Gespräch mit „ich liebe dich“ abzuschließen. Das zog sich über mehr als zehn Jahre hin, und die Mutter litt sehr unter dieser angespannten Beziehung.

Ihr Erfolg kam, als die Tochter bereits in London studierte. Nachdem sie gerade telefonisch gesprochen hatten und Dora mit „ich liebe dich“ das Gespräch beendet hatte, rief die Tochter noch einmal zurück und sagte zu ihrer Mutter: „Ich liebe dich auch.“

Als Dora das erzählte, standen ihr fast die Tränen in den Augen. „Das war der größte Erfolg meines Lebens“, sagte sie leise, und daran gab es keinen Zweifel.

Auch wenn wir als Erwachsene die Möglichkeit haben uns selbst zu loben, so heißt das allerdings noch lange nicht, dass wir auf das Lob von außen nicht mehr angewiesen sind, im Gegenteil. Untersuchungen haben ergeben, dass die meisten Angestellten darüber klagen, dass sie ihr Chef zu wenig lobt. Den Chefs geht es allerdings genauso. Auch sie beklagen sich über mangelndes Schulterklopfen. Kein Wunder, dass in den Kursen für Führungskräfte gepredigt wird: „Regelmäßiges Lob schafft ein besseres Betriebsklima als die teuersten Büromöbel.“

Der Tübinger Experte Dr. Buchegger geht sogar noch weiter und sagt: „Lob durchdringt Panzerschilder, reißt Mauern nieder, wirkt wie Wunderdünger und macht nebenbei auch noch Freude. Was macht Lob so mächtig? Ein Hauptfaktor ist unser

Hunger nach Anerkennung, den viele Menschen in einer Konkurrenzwelt nicht genügend gesättigt bekommen. Lob ist einfach Balsam für die Seele."

Da haben wir's. Auch wenn wir uns selbst loben können, sind wir irgendwo doch alle Kinder geblieben und brauchen das gleiche Lob für unsere Leistungen, so wie damals auf dem Kinderspielplatz.

Woher kommt der Erfolg?

Ganz egal, ob wir uns selbst als erfolgreich ansehen oder ob man uns applaudiert, der Erfolg ist immer das Ergebnis einer Anstrengung.

„Vor den Erfolg haben die Götter den Schweiß gesetzt", hat H. Böotien ca. 700 v. Chr. geschrieben, und daran hat sich bis heute nichts geändert, zum Glück.

Das Kind auf dem Spielplatz strengte sich an, um erfolgreich Seil springen zu können, und die Designerin strengte sich an, um ein gutes Verhältnis zu ihrer Tochter zu schaffen.

Beide Aktionen waren die Voraussetzungen für ihr späteres gutes Gefühl, ihren Stolz, ihren Erfolg.

„Aber", werden einige einwenden, „wir haben in der Schule erlebt, dass es auch ganz anders geht. Manche Mitschüler bekommen gute Noten, ohne viel dafür tun zu müssen, sie sind einfach begabt."

Das ist richtig, aber ob sie die guten Noten als Erfolg ansehen ist zu bezweifeln, denn es gibt keinen Erfolg ohne Anstrengung. Wer anderer Meinung ist und glaubt, dass er im Leben alles aus dem Ärmel schütteln könne, der wird spätestens dann Schiffbruch erleiden, wenn die Aufgaben schwieriger werden.

Arthur Rubinstein, der vielleicht größte Pianist des 20. Jahrhunderts, sagte: „Wenn ich täglich vier Stunden übe, bin ich der beste Pianist der Welt, wenn ich aber acht Stunden übe bin ich Arthur Rubinstein."

Wenn sich schon das Supertalent Arthur Rubinstein für seine Erfolge anstrengen musste, was bleibt uns normal Sterblichen dann noch anderes übrig? Aber genau hier liegt unser Vorteil. Wenn wir uns für unsere Erfolge immer schon anstrengen mussten, werden wir auch schwierigere Aufgaben mit der notwendigen Konzentration angehen und sie bestehen. Das ist einer der Gründe, warum derjenige, dem in der Schule alles zufiel, nicht immer auch der Erfolgreichste im Leben ist. Nur wenn wir durch Anstrengung zum Erfolg gekommen sind, werden wir darauf stolz sein und können innerlich wachsen.

Das ist auch gut so, denn wo kämen wir hin, wenn jeder Radfahrer ohne Anstrengung die Tour de France gewinnen könnte, jeder Autofahrer Formel I Weltmeister sein könnte und jeder Straßenkicker ohne Anstrengung in die Fußballnationalmannschaft aufgenommen würde? Das wäre eine Katastrophe, denn dann wären alle Anstrengungen völlig wertlos, und wir würden alle mit hängenden Köpfen rumlaufen, weil wir niemals die Möglichkeit hatten, durch Erfolge unser Selbstwertgefühl zu entwickeln.

Dies ist aber glücklicherweise nicht der Fall. Wir alle haben die Möglichkeit, durch eigene Anstrengungen erfolgreich zu sein, und damit unser Selbstvertrauen zu stärken. Wo wir erfolgreich sind spielt dabei keine Rolle, das Gebiet können wir uns selbst aussuchen. Jan Ullrich hat seine Stärken im Radfahren, auf diese Sportart hat er sich konzentriert, und er gehört zu den weltbesten Radfahrern seiner Generation. Elton John ist ein begnadeter Musiker, er hat die Musik zu seinem Beruf gemacht und ist deshalb ein Weltstar geworden, und Dora hat wieder eine tolle Beziehung zu ihrer Tochter und ist darauf stolz.

Da Erfolg ohne Anstrengung nicht möglich ist, kennen wir gleichzeitig den einzigen Feind, der uns vom Weg des Erfolges abbringen könnte: „Unsere größte Schwäche liegt im Aufgeben. Der sichere Weg zum Erfolg ist immer, es doch noch einmal zu versuchen“, sagte Thomas Edison, der Erfinder der Glühbirne. Was er damit meinte, können wir jeden Tag auf dem Spielplatz sehen. Auch wenn das Seilspringen am Anfang noch nicht richtig funktioniert, mit Ausdauer schaffen es die Kinder, und damit kommt automatisch der Stolz in die Wangen, denn sie haben den Gegner besiegt.

Wie wirkt sich Erfolglosigkeit aus?

Wir sind nicht immer gut drauf, haben manchmal einen Durchhänger und würden am liebsten alles hinschmeißen. Wir sind also voll in unserer Null-Bock-Phase. Das sind ganz normale Etappen im Leben eines jeden Menschen. Wir alle brauchen die Phasen des Stillstands, damit wir danach wieder hinterfragen und neue Ideen ausprobieren, Fehlentscheidungen erkennen oder ganz einfach unsere Meinung ändern. Aber bevor wir wieder in die konstruktive Phase kommen, können wir uns auch manchmal, wenn uns alles zu viel wird, in das Leben eines Penners verlieben.

Wenn wir bei strahlendem Sonnenschein in die Schule, zur Arbeit oder in die Uni hetzen, kommt uns das Leben eines Penners auf der Parkbank ideal vor. Er hat Zeit, steht vor keiner Prüfung, hat keinen Chef, kann machen was er will und wird dafür auch noch von der Gesellschaft finanziert. Ist nicht er der wirkliche König und wir nur Marionetten an den Fäden fremder Interessen?

Nein, und zwar aus mehreren Gründen. Zum einen hat er schlechten Umgang und wird deshalb auch nicht inspiriert, denn „wenn du mit Truthähnen zusammen bist, kannst du nicht wie ein Adler fliegen“, sagen richtigerweise die Amerikaner.

Dann wird er von den allermeisten Passanten schief angesehen, weil er über das Sozialamt auf Kosten der Allgemeinheit lebt, und das stärkt auch nicht gerade das Selbstvertrauen. Aber der größte

Nachteil im Leben eines Penners besteht darin, dass er keinen Erfolg hat. Er kann auf nichts stolz sein, denn er macht ja nichts. Deshalb füllt er die langen Stunden auf der Parkbank oft mit Alkohol, und wer würde in seiner Situation nicht zur Flasche greifen? Aber dadurch kommt immer noch keine Lebensfreude auf. Es fehlt einfach das gute Gefühl, etwas geschafft zu haben, ein Grund sich selbst loben zu können, oder gelobt zu werden. Da aber auch der Penner auf das Gefühl des Erfolges angewiesen ist, fehlt ihm eine wesentliche Lebenskraft. Und die kann ihm leider auch die noch so besonnte Parkbank nicht ersetzen.

Deshalb überrascht es uns auch nicht, dass zirka zwei Drittel der Penner unter mentalen Krankheiten leiden, die allermeisten unter Depressionen. Keine ungefährliche Krankheit, denn fast zwei Drittel aller Selbstmorde werden von Depressiven begangen.

Der bekannte Rheumatologe und Privatdozent Dr. M. Gaubitz kennt den Zusammenhang zwischen Erfolglosigkeit und Beschwerden nur allzu gut: „Dieser ist zum Beispiel für Rückenschmerzen und andere funktionelle Syndrome - also ohne fassbares Krankheitskorrelat wie Entzündung oder Verschleiß - gesichert."

Das heißt im Klartext: Ein gesundes Leben ist also ohne Erfolg gar nicht möglich, denn Erfolg ist die natürlichste Medizin.

Die Schattenseite des Erfolges

„Zuviel Erfolg irritiert die besten Freunde", meinte Oskar Wilde und spielte damit auf den Neid an. Der Neid ist ein fürchterlicher Herrscher. Er nimmt auf

Freundschaften, Argumente und Beweise keinerlei Rücksicht. Er schlägt völlig blind zu, egal was dabei kaputt geht. Deshalb sollten wir bescheiden bleiben und jede Prahlerei schon aus Selbstschutz tunlichst unterlassen.

Auch ist der „Erfolg um jeden Preis“ ein schlechter Freund. Wer rücksichtslos gegen seine Umwelt vorgeht, wird sich am Erfolg nicht erfreuen können. Erfolg ist etwas Edles, etwas Aufrichtiges. Wer Erfolg nur mit Geld oder Macht gleichsetzt, hat von Erfolg wenig begriffen.

Auch mancher Erfolgreiche hat mit dem Erfolg so seine Schwierigkeiten. Rechtzeitig von der Bühne abzutreten, ist eine große Kunst. Wer die nicht beherrscht, verbeugt sich vor dem falschen Applaus und macht sich lächerlich.

Süßer Erfolg

Eine Untersuchung hat erforscht, wann sich die Menschen am wohlsten fühlen. Das ist nicht im Liegestuhl unter Palmen wie vielleicht manch einer denken könnte, weit gefehlt! Am wohlsten fühle man sich, wenn man gerade etwas erreicht hat worauf man stolz sein kann. In der Regel waren es Dinge, von denen man am Anfang nicht wusste, ob sie gelingen würden, also Herausforderungen. Als es dann doch klappte, konnte man in vollen Zügen den süßen Erfolg genießen.

Beweise dafür gibt es jeden Tag. Schauen wir einfach auf Fußballspieler, wenn sie ein Tor schießen, oder auf Tennisspieler, wenn sie ein wichtiges Turnier gewinnen oder gar einen Favoriten stürzen. Der Kroate Ivo Karlovic schaffte das 2003 in Wimbledon. Er schlug als Qualifikant den Titelverteidiger Lleyton Hewitt in der ersten Runde. Ganz London applaudierte, und Ivo zog sofort aus seinem bescheidenen 40-Euro-Hotel in eine 250-Euro-Edelherberge um. Süßer Erfolg total!

Michael Schuhmachers ausgestreckter Arm aus dem Ferrari sagt alles, von seinem Siegersprung auf dem Podium ganz zu schweigen. In diesen Momenten kann man förmlich kosten wie Erfolg schmeckt.

Ein weiterer Vorteil am Erfolg ist, dass er ein Leben lang anhält. Wir haben damit auch schon unsere Erfahrungen gemacht. Vielleicht erinnern wir uns gerne an unser erstes Klavierkonzert, an eine gewonnene Meisterschaft, das Bestehen einer schwierigen Prüfung oder einfach an den Tag, als wir nach einer anstrengenden wochenlangen Physiotherapie wieder schmerzfrei und normal laufen konnten. Unsere Mühen sind vergessen, das Erfolgsgefühl bleibt.

Auch unsere Verwandten sprechen gern von ihren Erfolgen, ganz egal, ob die bereits ein halbes Jahrhundert oder mehr zurückliegen. Einige ihrer ehemaligen Traumautos oder lang ersehnten Urlaube haben sie vielleicht schon vergessen, aber ihre

Erfolge niemals. Wir wissen das nur allzu gut, denn die meisten Geschichten haben wir schon zigmal gehört.

Erfolg stärkt auch unsere Persönlichkeit und hilft uns in sehr vielen Lebenslagen. Wir klopfen viel sicherer an die Tür, auch wenn es die Tür unseres Chefs ist. Wir werden nicht nervös, wenn wir mal in eine Polizeikontrolle kommen oder vor Gericht aussagen müssen. Wenn wir einige Erfolgserlebnisse im Rücken haben, können wir auch viel lockerer einen Vortrag vor fremdem Publikum halten. Warum sollen wir Hemmungen haben? Wir haben schon ganz andere Aufgaben gemeistert. Auch wenn wir bei der Bank einen Kredit beantragen, werden wir viel sicherer auftreten, ja all unsere Aktionen werden durch den Erfolg eine andere Qualität bekommen.

Aber das Allerschönste am Erfolg ist der Triumph über uns selbst. Wir haben uns zu träumen getraut, wir haben uns ein mutiges Ziel gesetzt, wir haben uns auf den Weg gemacht, wir haben nicht gleich beim ersten Gegenwind aufgegeben, wir haben es geschafft! Dadurch entfalten sich neue Kräfte, denn Erfolg setzt ungeahnte Energien frei.

Diese Erfahrung gehört zu den süßesten Früchten der Welt. Stolz auf uns selbst sein zu können, uns mit Wohlwollen im Spiegel zu sehen, Vertrauen in uns zu haben. Was kann dann noch passieren? Wir haben uns selbst zu freien Menschen entwickelt; Menschen, die denken und ausführen können und keine Angst vor Misserfolgen haben. Wir sind dem Glück sehr nahe.

Wie macht man Erfolg?

„Man beachte seine überwiegende Eigenschaft und verwende auf diese allen Fleiß“, riet der große Denker Balthasar Gracián y Morales (1601-1658). Zum gleichen Ergebnis kommen die beiden Autoren Buchingham und Clifton[1]. Auf der Grundlage einer 25-jährigen Langzcitstudie von Gallup schrieben sie Hunderte von Jahren später: „Versuchen Sie nicht mehr, Ihre Schwächen zu bekämpfen - konzentrieren Sie sich stattdessen auf Ihre Stärken.“

Und genau davon reden wir schon die ganze Zeit. Wir stellen uns in den Mittelpunkt unseres Lebens und erfüllen uns unsere Wunschliste, indem wir das machen, woran wir am meisten Spaß haben.

Wir befolgen also den Rat von Gracián y Morales und Gallup und sind wie die Kinder auf dem Spielplatz. Denn das ist die natürlichste Form des Lebens und der sicherste Weg zum Erfolg.

Zusammenfassung: Erfolge machen Kinder zu Erwachsenen und Erwachsene zu Persönlichkeiten.

[1] M. Buchingham & D. Clifton, „Entdecken Sie Ihre Stärken jetzt!“

10. Kapitel

Die Glücksinsel

- Glück kommt von innen
- Glück trifft gerne seinesgleichen
- Glück ist positiv
- Glück hat kein Gedächtnis
- Glück hat Vertrauen
- Glück nutzt die Zeit

Die Glücksinsel

Unsere gemeinsame Reise ist bis jetzt sehr gut verlaufen. Warum gönnen wir uns nicht eine kleine Auszeit? Wir sind auf offenem Meer und lassen uns einfach treiben. Mal sehen, was passiert.

Na dachten wir's uns doch, eine Insel ist in Sicht. Die Palmen und der weiße Strand lassen ein Glücksgefühl aufkommen. Warum nennen wir diese Insel nicht einfach Glücksinsel? Also Kurs in Richtung Glück!

Bis jetzt haben wir uns nämlich sehr sachlich mit der Berufs- & Studienwahl beschäftigt. Wir haben uns in den Mittelpunkt unseres Lebens gestellt, uns eine Wunschliste aufgeschrieben, versucht uns ein Ziel zu setzen, und uns dann informiert wie wir es am besten erreichen können.

Klingt ja alles logisch, aber wie sieht es eigentlich mit dem Glück aus? Manche Leute machen sich gar keine großen Gedanken und haben immer Glück. Sie finden blind den richtigen Job, und andere bücken sich, um einen Glückspfennig aufzuheben, rutschen aus und landen im Krankenhaus.

Gehören wir zu den Glücklichen?
Ist Glück ein Zufall?
Kann man Glück beeinflussen?

Mit diesen Fragen wollen wir uns etwas beschäftigen.

Carmen hat einen Laden für Naturmedizin. Jetzt im Frühjahr stehen die Leute Schlange und suchen Rat, wie sie sich nach den langen Wintermonaten entschlacken können. Die Kunden sind mit der exzellenten Beratung zufrieden, kaufen Kräuter, Salben und Tee. Carmen ist in ihrem Element, hat ihren Traumjob gefunden und verdient dabei auch noch Geld.

Glück gehabt?

.

Max war ein arbeitsloser Rechtsanwalt. Auf seiner Suche nach einem Job traf er eine Sekretärin. Die lud ihn zu einer Party ein, wo er einen Filmproduzenten kennen lernte, der ihm sofort einen Job als Hausjurist anbot. Einige Jahre später kaufte er die gesamte Produktionsfirma.

Glück gehabt?

Thomas hatte sich schon als Kind in Mozambique verliebt und wollte dort leben. Aber bevor es so weit war, lernte er erst einmal Kfz-Mechaniker, denn „das brauchen die da unten, damit kann ich einwandern.“ Es kam dann doch alles ganz anders und heute ist er Schweizer Konsul in Spanien.

Glück gehabt?

Klaus hatte seine Meisterprüfung abgelegt und kaufte einem älteren Kollegen seine kleine Werkstatt mitsamt dem alten Werkzeug ab. Er spezialisierte sich sofort auf Gasetagenheizungen und war innerhalb von sieben Jahren der Marktführer in Berlin.

Glück gehabt?

Diese vier Beispiele repräsentieren die vier Prinzipien[1] des Glücks. Wir schauen uns die Geschichten etwas näher an, um zu erfahren was damit gemeint ist.

Naturmedizin, Erfolg für alle

Carmen ist jetzt glücklich, aber sie hat eine sehr schwierige Zeit hinter sich. Sie kaufte den Laden viel zu teuer, weil der Vorgänger Umsätze und Verdienstmöglichkeiten angab, die einfach nicht der Realität entsprachen. Sie ging dennoch mit Elan an die Aufgabe, änderte das Sortiment und baute die Dekoration nach ihrem Geschmack um. Aber die Kunden blieben immer noch aus. Carmen installierte neue Beleuchtungen, verwendete verschiedene Räucherkerzen, legte sanfte Musik auf, aber alles half nichts. Der Laden war einfach zu versteckt. Leider hatte sie bereits so viel Geld ausgegeben, dass für große Werbekampagnen keine Mittel mehr zur Verfügung standen. Natürlich wurde Carmen nervös und war auf einmal ihre beste Kundin für ihr reichhaltiges Sortiment an Beruhigungstees.

Das war der Moment, in dem sie ihre Taktik änderte. „Wenn die Leute nicht zu mir kommen, dann muss ich zu den Leuten gehen“, dachte sie sich und bot kostenlose Vorträge in Residenzen und Hotels an. Der Erfolg war überwältigend. Bereits einen Tag nach ihrem ersten Vortrag kamen zehn neue Kunden in

[1] The Luckfactor by Richard Wiseman

ihren Laden, und nach jeder neuen Aktion kamen mehr. Jetzt gibt sie Interviews im Radio und schreibt Artikel für verschiedene Zeitungen. Ihren Beruhigungstee braucht sie schon lange nicht mehr selbst zu trinken.

Was war passiert? Ganz einfach, sie hat das erste Prinzip des Glücks angewandt, indem sie ihre Chancen erhöhte. Wer viele Leute anspricht, wird auch viel mehr Chancen haben, jemanden zu treffen, der am Produkt interessiert ist. Das wissen alle Firmen und Veranstalter, da sie uns laufend mit Werbung überschütten. Irgendjemand braucht gerade ein neues Auto oder eine neue Küche, und es gibt bestimmt jemanden, der gerade in diesem Moment alles hinter sich lassen will und das Last Minute Ticket nach London kauft.

Deshalb gibt es Werbung, deshalb kann keine Firma darauf verzichten, deshalb sollten auch wir diese Methode anwenden.

Jeder von uns kennt ungefähr 300 Leute und alle diese Menschen kennen wieder 300 andere.

Wenn wir also eine Lehrstelle suchen, dann werden wir uns erst einmal an unseren Familien- und Bekanntenkreis wenden. Dann können wir zur Industrie- und Handelskammer und zur Handwerkskammer gehen. Ein Gespräch mit unserem Frisör ist immer gut, und die Arbeitsagentur ist auch noch da. Darüber hinaus gibt es unzählige Berufsmessen und das Internet. Natürlich stehen uns auch die Fachvorträge der Branche offen. Dort können wir den Vortragenden ansprechen und unsere Chancen noch einmal um 300 Personen erhöhen.

Der angehende Student hat die gleichen Möglichkeiten. Wenn er sich über seine Studienrichtung noch nicht ganz sicher ist, wird er auch zuerst im Familien- und Bekanntenkreis um Hilfe bitten. Dann gibt es Abiturientenmessen und Schnupperstudien an den Hochschulen. Jedes Gespräch bringt neue Informationen, und je mehr man sich mit dem Thema beschäftigt, desto leichter fällt die Entscheidung.

Man kann sein Glück also dadurch erhöhen, indem man ein enges Netz von Beziehungen aufbaut. Es ist wie bei dem Angler am See. Je mehr Leinen er auswirft, desto größer ist die Chance, dass ein Fisch anbeißt. Wenn er dann mit einem vollen Eimer mit Fischen nach Hause kommt, werden einige sagen, er habe eben wieder einmal Glück gehabt. Dabei übersehen sie völlig die vielen Angeln in seiner Tasche.

Deshalb war es auch völlig normal, dass im Laden von Carmen plötzlich neue Kunden kamen. Sie waren entweder in ihrem Vortrag gefesselt, hatten eines ihrer Interviews gehört, oder sie wurden einfach in irgendeinem Gespräch von jemandem über den Kräuterladen informiert. Das Ganze nennt man „Mund zu Mund Reklame“, oder „Ameisenpresse.“ Seit dieser Aktion ist Carmen wie ausgewechselt. Sie lächelt viel öfter, ist sich ihrer Sache sicher, erweckt Vertrauen.

Dies wiederum schafft eine positive Atmosphäre, und zum bereits erreichten Erfolg kommt neuer hinzu.

Folglich ist es für uns auch keine Überraschung, wenn die Forschung zu dem Ergebnis kommt, dass extrovertierte Menschen einen viel größeren sozialen Kontakt haben als introvertierte. Die dadurch entstehenden Begegnungen haben einen positiven Effekt auf ihr Leben, und sie gehören viel öfter zu den Menschen die „Glück haben."

Da glückliche Menschen entspannter sind, mehr lachen und viel leichter auf andere Menschen zugehen, werfen sie kontinuierlich neue Angeln aus, sind besser informiert und erhöhen damit fortlaufend ihre Chancen, noch schneller an ihr Ziel zu kommen.

Es ist deshalb auch kein Wunder, dass die Firmen Leute mit einer positiven Einstellung suchen. Sie nennen das kommunikativ und meinen eigentlich Leute, die das Glück anlocken, indem sie darauf zugehen und es anlächeln.

Heute arbeitslos, morgen der große Chef

Die Geschichte von Max, dem arbeitslosen Rechtsanwalt, führt uns zum zweiten Prinzip des Glücks: Sei positiv!

Max war nicht nur arbeitslos, er hatte auch kein Geld. Daran war er allerdings selbst Schuld. Sein Vater wollte ihn in Kairo behalten, wo er selbst tätig war und sehr gute Beziehungen hatte, aber Max wollte nicht. London sollte es sein, dort wollte er triumphieren. Natürlich hatte der Vater Recht. Die

Mieten in London waren für Max unerschwinglich hoch, aber das machte nichts, er wollte die Zügel seines Lebens selbst in die Hand nehmen, denn irgendwie wird es schon weiter gehen.

Not macht erfinderisch, und so übernachtete er mit einem Freund auf einem Campingplatz in Kent. Da beide gemeinsam nur einen ordentlichen Anzug hatten, konnte Max nur jeden zweiten Tag nach London fahren, um dort sein Glück zu versuchen.

In diesem Anzug wurde er dann auch dem Filmproduzenten vorgestellt. Auf das spontane Angebot, Hausjurist zu werden, hatte er zwar noch den Einwand, „aber vom Film verstehe ich gar nichts", was sein neuer Boss allerdings sofort gegenstandslos machte: „Brauchen Sie auch nicht, dafür sind wir zuständig, Sie kümmern sich um die Gesetze."

Max verliebte sich sehr bald in den Film und wurde selbst Produzent. Welthits wie „Lawrence of Arabia", „Man of All Seasons", „Casino Royale" mit David Niven entstanden unter seiner Führung. Später wurde er noch Chef der Paramount Productions in Europa. Vom Campingplatz zum Big Boss.

Damit hatte Max den Philosophen Seneca noch einmal bestätigt. Der sagte vor fast 2.000 Jahren: „In den Himmel springen kann man auch aus der dunkelsten Ecke."

Hatte Max also Glück gehabt? Natürlich nicht.

Max war einfach gut drauf. Er war jung und voller Elan. Er wusste, dass er irgendwann einmal seine Chance erhalten würde, wenn er nur dran bliebe. Gewiss war der Campingplatz nicht der ideale Ort für einen Rechtsanwalt, aber was soll's, irgendwann wird sich das Blatt schon wenden, irgendwann wird es zu einer Anstellung kommen.

Diese positive Einstellung machte Max unschlagbar. Er hatte eine gute Ausbildung, keine Verpflichtungen und das ganze Leben vor sich. Was konnte er schon verlieren? Es konnte ja nur aufwärts gehen, und genau das passierte auch.

Ich erzähle hier die Geschichte von Maxwell Setton. Zu meiner großen Freude habe ich Max auf einer Tea Party in Marbella kennen gelernt. Die Gastgeberin hatte mir vorher schon von ihrem „Stargast" erzählt. Leider kamen so viele Gäste auf einmal an, dass ich nicht formell vorgestellt werden konnte und mich einfach selbst unter die Leute mischte. Natürlich war ich auf Max gespannt. Ich hatte ihn vorher noch nie gesehen und erwartete einen englischen Gentleman mit Gardemaß. Den sah ich aber nicht. Dafür fiel mir ein älterer Herr auf. Er saß, eingequetscht zwischen anderen Gästen auf dem Sofa und hatte seine beiden Hände vor sich auf einen Stock gestützt. Die Achtzig hatte er schon lange überschritten und beobachtete die Menschen im überfüllten Salon mit festen Augen. Ich wusste, es konnte nur Maxwell Setton sein. Dem

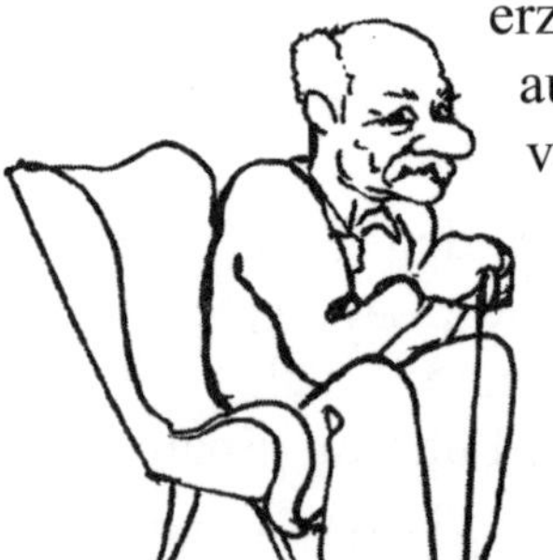

Mann konnte man nichts vormachen, der kannte die Welt.

Seine Beine mochten ihm nicht mehr gehorchen, aber seine Augen waren voller Kraft, Güte und Leben. Später wurde ich ihm vorgestellt. Er wollte wissen, was ich mache, denn sein Interesse an Menschen war ungebrochen. Ich fühlte mich durch seine Fragen geehrt.

Bevor er starb, waren wir noch einige Male zusammen eingeladen, er strahlte immer eine sehr große Persönlichkeit aus, egal, ob er noch alleine laufen konnte oder nicht. Meine Erinnerungen an ihn sind seine Augen und seine Neugierde.

Ich bin sicher, dass er bereits seinerzeit auf dem Campingplatz diese Ausstrahlung hatte. Max war einfach ein positiver Mensch. Dem konnte gar nichts Böses passieren und wenn schon, am Ende würde doch alles gut werden. Max repräsentierte förmlich das zweite Prinzip des Glücks: Sei positiv!

Positives Denken kann den Himmel sprengen, auch für uns. Vielleicht geht unsere Lehrfirma gerade Pleite, vielleicht haben wir eine Prüfung nicht bestanden oder konnten im Einstellungsgespräch nicht überzeugen, was soll's. Wir haben unser Ziel, wir sind flexibel, es werden noch weitere Chancen kommen, wir werden glücklich.

Vom Kfz-Mechaniker zum Konsul

Thomas wollte schon als Kind nach Afrika auswandern. Deshalb absolvierte er sogar eine Kfz-Lehre, weil dieser Beruf dort gebraucht wird.

Damit erfüllte er ein weiteres wichtiges Prinzip des Glücks, er hörte auf seine innere Stimme. Wir alle haben diese Stimme, aber viele glauben, sie müssten

diese Stimme erst einmal „nüchtern" überdenken, was dann meistens dazu führt, dass man der eigenen Stimme und damit sich selbst nicht mehr traut. Das ist aber sehr wichtig.

Wir alle kennen das Phänomen des „ersten Eindrucks", wenn wir zum Beispiel in einer fremden Stadt ein Speiselokal suchen. Wir laufen an mehreren Gaststätten vorbei, aber irgendwie sagen sie uns nicht zu. Dann sehen wir ein kleines Lokal auf der anderen Straßenseite und das zieht uns an. Keiner weiß eigentlich so richtig warum, aber wir gehen hinein. Es war unsere innere Stimme, die uns leitete.

Das Gleiche passiert, wenn wir jemandem vorgestellt werden. Die Person wurde uns vielleicht vorher als sehr erfolgreich und sympathisch angepriesen, aber wir sind uns auf einmal gar nicht so sicher. Irgendetwas ist an dem Mann gespielt, er ist zwar sehr nett, aber irgendwie nicht authentisch. Auch hier spricht unsere innere Stimme. Auf die sollten wir hören, denn sie ist ein wichtiger Teil von uns. Leider ist die innere Stimme so scheu wie ein Reh: Sobald wir anfangen zu denken, läuft sie davon.

Untersuchungen haben gezeigt, dass die glücklichen Menschen viel mehr auf ihre innere Stimme hören als Menschen, die sich selbst als glücklos bezeichnen. Ja, glückliche Menschen suchen förmlich ihre innere Stimme, indem sie meditieren.

Aber jetzt zurück zu Thomas. Nach der Lehre kam erst einmal der obligatorische Schweizer Militärdienst, daran konnte er nichts ändern. In dieser Zeit eröffnete allerdings sein Vater ein Autogeschäft. Anstatt starr an seinem Plan festzuhalten, hörte er auf seine innere Stimme und half seinem Vater. Afrika musste einfach warten. Als das Geschäft eingeführt war, hörte Thomas wieder auf seine innere Stimme und ging für zwei Jahre zum Missionieren nach Deutschland.

Das ist sehr typisch für Leute, die aus dem Bauch heraus entscheiden. Sie leben den Moment und nehmen das Leben wie es kommt. Das heißt nicht, dass sie ziellos sind, im Gegenteil, sie sind nur eher bereit, ihre Ziele zu ändern.

Es verwundert deshalb auch nicht, dass Thomas danach für ein Jahr in die USA ging. Dort ging er seiner Neigung für die Wirtschaft nach und belegte verschiedene Kurse. Das angesammelte Wissen vertiefte er noch durch einen dreijährigen Kurs auf einer Schweizer Abendschule. Von dort aus war es nur noch ein kleiner Schritt zur Anstellung bei einer europäischen Großbank.

„Mit 14 Jahren wusste ich alles über meine Zukunft, heute mit 30 bin ich mir nicht mehr so sicher“, sagte er mir vor einigen Monaten.

Wie Recht er doch behalten sollte.

Als wir neulich im Café zusammen saßen, erwähnte er völlig beiläufig, dass er jetzt auch noch Konsul sei.

„Konsul?“, es haute mich fast vom Stuhl.

„Ja, aber das ist nichts Besonderes“, und sein sehr charmantes Lächeln strahlte Wärme aus. „Ich habe weder ein Büro noch eine Sekretärin, und die allermeisten Anfragen beantworte ich am Telefon, nichts Besonderes.“

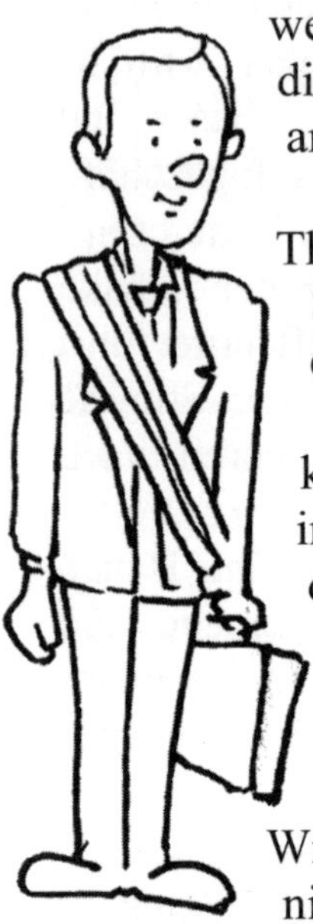

„Nichts Besonderes!“, dachte ich mir. Thomas ist der offizielle Vertreter der Schweizer Konföderation, und er sagt so einfach „Nichts Besonderes!“

Aber so ist er, ein sehr ausgeglichener korrekter Mann, dessen Leben von seiner inneren Stimme geprägt ist. Thomas hat die richtige Einstellung. Er lebt im Gleichklang mit sich selbst, er ist glücklich.

Wir alle können das Gleiche tun. Wir müssen uns nur etwas entspannen, uns nicht immer so furchtbar wichtig nehmen, uns nicht zu sehr von außen beeinflussen lassen und mehr auf unsere innere Stimme hören.

Wie man Pech in Glück verwandelt

Es läuft nicht immer wie gewünscht, diese Erfahrung müssen wir leider alle machen. Der Unterschied ist aber, ob man endlos mit seinem Schicksal hadert, oder einfach sagt es hätte noch schlimmer kommen können.

Dieser kleine Unterschied in der Reaktion hat riesige Konsequenzen für unser Leben. Während der eine noch über sein Pech jammert, hat der andere bereits neue Erfolge. Der eine weint, weil sein Auto zu Schrott gefahren wurde, der andere freut sich, dass er nicht drin saß. Glück und Pech sind wie Zwillinge, man kann sie oftmals gar nicht unterscheiden.

Klaus hatte Pech, denn seine Wirbelsäule war kaputt, und er konnte seinen Beruf als Sanitärinstallateur nicht mehr ausüben. Daraufhin machte er den Meisterkurs und kaufte für wenig Geld einen alten Einmannbetrieb. Aber deswegen wurden die Badewannen und die Gussabflussrohre immer noch nicht leichter. Wollte er überleben, brauchte er einen guten Installateur und Aufträge aus einem Bereich seines Berufs, in dem Material verarbeitet wird, das weniger schwer zu transportieren war.

Da bot sich die Spezialisierung auf Etagenheizungen an. Die Rohre waren viel kleiner, und die Heiztherme konnten bequem von zwei Personen getragen werden.

Installateure kannte Klaus genug, und die Aufträge kamen auch reichlich, eigentlich viel zu viele. Berlin hatte überwiegend Altbauwohnungen, und viele Mieter wollten den alten Kachelofen gegen eine bequeme Gasetagenheizung eintauschen.

Es dauerte auch gar nicht lange, und Klaus holte nur noch die Aufträge herein, die Installation machten seine Monteure.

Als ich zwischen Techniker- und Ingenieurschule einmal einen Monat für ihn arbeitete, hatte er seinen Laden bereits sieben Jahre. Klaus hatte zwar viele Gewerberäume neben der alten Werkstatt dazu gemietet, aber das reichte alles nicht mehr aus. Zwischenzeitlich war er Marktführer geworden, und seine Beziehungen zu Behörden und Wohnungsbaugesellschaften konnten nicht besser sein. Ingenieure planten die Anlagen und kümmerten sich um den Verkauf, die Monteure installierten in Rekordzeit. Klaus wusste schon gar nicht mehr, wer von seinen Mitarbeitern auch einen Firmenwagen hatte.

Als ich ihn einige Jahre später noch einmal besuchte, war er schon in seinen neuen Geschäftsräumen. Er selbst hatte sich nicht verändert. Der finanzielle Erfolg war ihm nicht zu Kopf gestiegen, im Gegenteil, er hatte ein kleines Büro. „Das reicht mir völlig aus.“ Dafür besuchte er Vorlesungen über Philosophie an der Universität und dankte seinem Schicksal dafür, dass ihn seine kaputte Wirbelsäule endlich auf den richtigen Weg geführt hatte.

Daran sollen wir uns erinnern, wenn uns einmal das Pech ins Gesicht spuckt, das ist immer noch besser, als würde uns ein Backstein auf den Kopf fallen.

Geniale Tests

Schlaue Psychologen haben interessante Tests durchgeführt, um hinter die Kulissen des „Wesens Mensch“ zu schauen. Hier sind drei davon:

Man hat Testpersonen willkürlich in zwei Gruppen aufgeteilt und ihnen die Aufgabe gestellt, auf einen Knopf zu drücken, wenn eine Lampe aufleuchtet. Der einen Gruppe wurde gesagt, sie sollten sich anstrengen und so schnell wie möglich drücken und der anderen, dass sie Kampfpiloten mit einer sehr schnellen Reaktion seien.

Natürlich haben die Kampfpiloten gewonnen, ihre Köpfe hatte man ja vorher so programmiert.

In einem anderen Test wurden Männer in zwei Gruppen aufgeteilt. Sie sollten sich zehn Minuten lang mit einer Frau am Telefon unterhalten. Beiden Gruppen wurde das Foto ihrer Gesprächspartnerin gezeigt. Allerdings zeigte man der einen Gruppe das Foto einer vorteilhaft aufgenommenen und der anderen Gruppe das Foto einer weniger vorteilhaft aufgenommenen Frau. Aber natürlich sprachen beide Gruppen mit derselben Frau, die darüber hinaus mit den Fotos überhaupt nichts zu tun hatte.

Das Ergebnis war interessant. Die Konversationen mit der vorteilhafter fotografierten Frau waren viel freundlicher und lockerer, die Männer zeigten sich von ihrer besten Seite.

Kein Wunder, dass die Frau völlig unterschiedlich auf die Anrufer reagiert hatte, obwohl sie gar nicht wusste, dass man denen verschiedene Fotos gezeigt hatte.

Die einen fand sie nett, die anderen überwiegend scheußlich.

Wir können also nicht nur unseren Kopf selbst programmieren, wir können damit auch die Reaktion unserer Umwelt beeinflussen.

Ein weiterer genialer Test wurde wieder mit zwei willkürlich geteilten Gruppen durchgeführt. Beiden wurde eine lustige und eine traurige Geschichte vorgelesen. Danach bat man die eine Gruppe, einen Bleistift quer zwischen ihren Zähnen zu halten, ohne die Lippen zu berühren. Damit zwang man sie zum Lächeln. Die andere Gruppe musste den Bleistift quer mit den Lippen halten, sie mussten also ein trauriges Gesicht machen.

Jede Gruppe wurde jetzt aufgefordert zu schreiben, was sie von den vorgetragenen Geschichten behalten hatten.

Diejenigen, die man zum Lächeln gezwungen hatte, erinnerten sich zu einem viel höheren Prozentsatz an die lustige Geschichte als die anderen.

Wir können also unsere Realität nicht nur mit unserem Kopf beeinflussen, sondern auch durch unsere Körperhaltung.

Das war uns allerdings immer schon klar. Wer mit hängendem Kopf und eingefallenen Schultern durchs Leben läuft, wird wenig soziale Kontakte haben, denn man wird ihn nicht unbedingt zur nächsten Party einladen wollen.

Wer allerdings den Blickkontakt sucht und ein Lächeln auf den Lippen trägt, zu dem gesellt man sich gern. Dadurch entstehen neue Kontakte, man bekommt mehr Informationen und ist ein gern gesehenes Mitglied in jedem Team.

Die Tests haben noch einmal klar gemacht wie relativ leicht wir manipulierbar sind. Dieser Umstand wird natürlich reichlich von der Werbung ausgenutzt. Aber das ist nur eine Seite der Medaille, denn auch wir können manipulieren. Wir sind unserer Umwelt nicht hilflos ausgeliefert, sondern können sie aktiv gestalten. Keiner kann uns verbieten zu lächeln, keiner kann uns vorschreiben negativ zu denken, niemand kann uns hindern zu singen, auch nicht, wenn wir im Rollstuhl sitzen.

Wir haben also selbst viele Einflussmöglichkeiten, und die kann uns keiner nehmen, wir müssen sie nur anwenden.

Können wir das Glück beeinflussen?

Aber selbstverständlich. Wie wir gesehen haben, hat das Glück viel mit unserer Einstellung zu tun. Keiner von uns ist glücklich oder unglücklich geboren. Dinge passieren im Leben, wir entscheiden, ob sie uns schaden oder uns helfen. Es kommt nicht darauf an wie der Wind bläst, sondern wie wir die Segel setzen. Wir sind also auch hier der Mittelpunkt. Dabei brauchen wir nur auf einige wenige Dinge zu achten, um unser Glück ganz wesentlich zu erhöhen. Die weiter oben beschriebenen Beispiele haben uns gezeigt, worauf es ankommt; hier noch einmal die vier Prinzipien des Glücks im Zusammenhang:

1. Wenn wir kontaktfreudig sind, lernen wir viel mehr Leute kennen und können von deren Wissen und Beziehungen profitieren.
2. Wir denken einfach positiv. Wir glauben an unser Ziel, und die Möglichkeit es zu erreichen. Natürlich werden wir auf dem Weg dorthin auch einige Hindernisse zu überwinden haben, na und? Das macht uns nur noch stolzer, wenn wir am Ziel angekommen sind.
3. Wir drehen die Lautstärke unseres Fernsehers, des Radios und der Einflüsterungen unserer Umwelt etwas zurück, um unsere innere Stimme besser hören zu können, denn diese ist ein natürlicher Teil von uns. Nur wenn wir mit uns selbst harmonisch leben, sind wir auch authentisch.
4. Wir halten uns nicht mit nutzloser Jammerei auf, sondern begrüßen jeden neuen Tag als eine neue Möglichkeit.

Jeder von uns ist etwas anders gestrickt, jeder hat seine Stärken und Schwächen. Deshalb werden wir auch nicht in allen vier Prinzipien des Glücks brillieren. Aber wenn wir wissen wie wichtig sie sind, können wir auf sie achten, unsere Einstellung korrigieren und unserem Glück die Tür noch etwas weiter öffnen.

Zusammenfassung: Das Glück ist wie du, es liebt auch keine finsteren Gesellen. Zu lockeren und freundlichen Menschen kommt es allerdings gern.

11. Kapitel

Wer wird genommen?

- Prüfungen werden immer leichter
- Firmen ohne Mitarbeiter gibt es nicht
- Es sind Menschen die entscheiden
- Nur der Nachwuchs sichert die Zukunft
- Gut vorbereitet ist halb gewonnen

Wer wird genommen?

Eingestellt wird derjenige, den man im Unternehmen braucht. Das klingt sehr banal, ist aber so. Ähnliches gilt für die Hochschulen. Die haben zwar einen Bildungsauftrag, aber die Besten unter ihnen wollen diesen am liebsten auch nur auf die Studenten beschränken, die an ihren angebotenen Studiengängen wirklich interessiert sind.

Wenn wir an ihrer Stelle wären, würden wir es genauso machen, nur leider sind wir es noch nicht. Deshalb müssen wir uns in Auswahlverfahren oder Assessement-Centers prüfen lassen, und das mögen wir natürlich gar nicht.

Wir sind in den Schulen laufend geprüft worden, und jetzt kommt schon die nächste Prüfung, schrecklich!

Geht das immer noch weiter?

Besteht denn das ganze Leben nur aus Prüfungen?

Nicht so richtig, aber irgendwie schon. Sollten wir später als Richter tätig sein, dann werden unsere Urteile von der nächsten Instanz geprüft, als Architekten werden unsere Entwürfe vom Auftraggeber oder dem Wettbewerbskomitee geprüft, und als Fliesenleger wird unser Angebot auch mit denen der Konkurrenz verglichen, bevor wir den Auftrag erhalten. Sollte es zu Reklamationen kommen, wird unsere Arbeit vom Sachverständigen überprüft.

Also ganz kommen wir vom Prüfstand nie herunter, aber es gibt einen großen Unterschied: Alle Prüfungen finden ab sofort auf unserem Campus statt, sind also Heimspiele.

Wenn wir uns bei einer Firma bewerben, dann wollen wir dorthin, weil wir es so entschieden haben und nicht die Firma. Bei den Hochschulen sieht es genauso aus. Wir haben uns die Fachrichtung ausgesucht und nicht umgekehrt.

Trotzdem, auch wenn es unser Campus ist, antreten müssen wir dennoch. Und damit wir unser Heimspiel nicht verlieren, werden wir uns in diesem Kapitel mit diesem Thema beschäftigen.

Logos und Menschen

Die Einstellungskriterien sind so unterschiedlich wie die Tätigkeiten der Betriebe und die Schwerpunkte der einzelnen Fakultäten. Deswegen wollen wir uns hier erst einmal mit den Firmen befassen.

Der Handwerksmeister wird uns andere Fragen stellen als der Personaler eines multinationalen Konzerns, dennoch müssen beide ihre Interessen vertreten und wollen mit der Einstellung keine Fehler machen. Was in deren Köpfen so vor sich geht, zeigen die beiden folgenden Beispiele:

Zwei Personaler sitzen in der VIP-Lounge und warten auf ihren Anschlussflug. Im Fernseher läuft gerade eine Quizsendung über Allgemeinwissen. Ein

Kandidat ist bereits seit einigen Wochen dabei und steht jetzt kurz vor dem großen Preis.

„Der Typ weiß ja wirklich alles“, kommentierte der eine Personaler mit Bewunderung.

„Kolossal“, erwiderte der andere.

„Was würden Sie so einem Mann zahlen?“, fragte der erste.

Der andere überlegte einen Moment und antwortete: „2.800 Euro. Dafür muss er für den Rest seines Lebens kostenlos für mich arbeiten!“

„2.800 Euro?“

„Genau, denn das ist der Preis für einen 24-bändigen Brockhaus.“

Recht hatte er. Wissen ist nicht alles. Ob jemand ein guter Mitarbeiter wird, hängt noch von ganz anderen Fähigkeiten ab. Das Verlagshaus Gruner + Jahr in Hamburg macht dies bereits den angehenden Lehrlingen klar. „Fachliches Wissen reicht nicht aus“, schreiben sie in ihrer Broschüre über Ausbildungsstandards, „Man muss konzeptionell denken und überzeugen können.“

Das sind keine leere Phrasen, denn Gruner + Jahr bietet jedem Azubi eine spezielle Rhetorik- und Präsentationsschulung an.

Eine gute Nachricht, denn sollten wir mit einem schlechten Zeugnis ankommen, bedeutet das noch lange nicht die rote Karte für uns. Noten sagen nicht alles aus, das wissen auch die Personaler.

Aber nun zum zweiten Beispiel:

Ein Freund von mir war vor seiner Pensionierung jahrzehntelang Abteilungsleiter in einer deutschen Weltfirma. Seine Abteilung war für Um- und Neubauten von Produktionsstätten im In- und Ausland zuständig. Sein Team bestand aus zirka 15 Mitarbeitern, unter denen es einige Dipl.- und auch teilweise Dr.-Ingenieure gab. Darüber hinaus machten viele angehende Topmanager der Firma in seiner Abteilung für einige Monate Halt, um auch diesen Teil des Weltkonzerns kennen zu lernen.

„Worauf achtest du bei der Einstellung?“, wollte ich wissen.

„Auf zwei Sachen“, antwortete er, ohne groß nachzudenken. „Er darf mir als Abteilungsleiter nicht gefährlich werden, und Zivildienstler nehme ich grundsätzlich nicht!“

Mir blieb die Sprache weg. Konnte ich den ersten Grund noch nachvollziehen, so war mir der zweite völlig unverständlich.

Aber auch das sollten wir berücksichtigen, wenn wir uns vorstellen. Selbst hinter dem größten Firmenlogo stehen immer noch Menschen, und die verteidigen ihre Pöstchen oder haben sonstige irrationale Vorstellungen. Da sie es sind, die entscheiden wen sie in ihre Abteilung aufnehmen, halten sich unsere Möglichkeiten in Grenzen. Allerdings muss das nicht unbedingt ein Nachteil sein.

Hätte sich ein strebsamer Ingenieur mit tollem Auslandszivildienst und Sprachkenntnissen bei meinem Freund beworben, er wäre nicht einmal zum Vorstellungsgespräch eingeladen worden. Wäre der Zivildienstler allerdings über Umwege dennoch bei meinem Freund gelandet, hätte die erste Freude über eine Anstellung bei einer Weltfirma leicht in Depression umschlagen können, wenn er nach einigen Monaten gemerkt hätte, dass er nur blockiert wird und sich in einer Sackgasse befindet.

Deshalb sollten wir eine Absage nicht unbedingt persönlich nehmen und bei Bewerbungen authentisch bleiben. Wir würden zwar gerne bei der Firma arbeiten, aber nur dann, wenn die Firma uns als Person schätzt. Wenn dieses gegenseitige gute Gefühl nicht da ist, dann sollten wir uns auf gar keinen Fall verbiegen, nur um einen Job zu ergattern. Auf dieser schiefen Bahn haben wir nichts zu suchen. Wir mögen zwar noch am Anfang unserer Laufbahn stehen, aber deshalb buckeln wir noch lange nicht, denn das schadet unserem aufrechten Gang.

Wer braucht eigentlich wen?

Obwohl man diese Frage eigentlich so nicht stellen kann, wird sie uns vielleicht helfen, etwas klarer zu sehen. Die Firmen haben Aufträge oder wollen welche erhalten, und dafür suchen sie geeignete Mitarbeiter. Wenn sie die nicht bekommen, können sie ihren Laden über kurz oder lang dicht machen.

Wir sind als angehende Lehrlinge, Facharbeiter oder fertige Akademiker natürlich auch auf eine Anstellung angewiesen, denn wie sollten wir sonst unsere Miete bezahlen. Dennoch gibt es einen feinen Unterschied. Wenn wir die Miete nicht bezahlen können, haben wir immer noch die Möglichkeit bei den Eltern, dem Freund oder der Freundin einzuziehen, die Firmen können das nicht. Wenn ihnen die Leute fehlen, können sie keine Aufträge annehmen. Wenn dieser Umstand anhält, ist deren gesamte Existenz gefährdet. 50.000 zurzeit zum Verkauf stehende Handwerksbetriebe sprechen hier eine deutliche Sprache.

Bei den Behörden sieht es etwas anders aus, aber auch hier ist das Geschrei groß, wenn auf einmal Lehrer oder Polizisten fehlen.

Diese Tatsache schafft uns keine Machtposition, aber wir sollten vielleicht bei der Bewerbung daran denken. Es ist doch kein Zufall, dass die Firma Bosch derzeit über einhundert Doktoranten auf ihre Kosten forschen lässt, obwohl zur gleichen Zeit Tausende von Doktoranten an den staatlichen Universitäten forschen und auch promovierte Bewerber Stellen suchen. Die Erklärung liegt ganz einfach darin, dass Bosch spezielle Aufgabenstellungen hat und dringend Fachleute dafür braucht. Deshalb versucht die Firma, so schnell wie möglich mit interessiertem Nachwuchs in Kontakt zu kommen, und ihn in hauseigene Projekte einzubinden. Nur so können sie im harten internationalen Konkurrenzkampf bestehen.

Auf einer hausinternen Fachtagung[1] bei Bosch mahnte der Chef, Herr Dr. Fehrenbach, dass man noch nicht „best-in-class sei, da es einige einfach besser machen als wir."

Prof. Daniel T. Jones, Chairman of „Lean Enterprise Academy" gab den Bosch-Fertigungs-Experten den Rat: „Lernen sie von Toyota!"

Das ist etwas ganz Normales, den anderen Firmen geht es nicht anders. Nur wer sich der Herausforderung stellt, kann auf den globalen Märkten bestehen. Bosch tut es, warum sollen wir es nicht tun. Alles bewegt sich, Stillstand ist Rückschritt, und das ist gut so. Dadurch ergeben sich immer wieder neue Möglichkeiten, und genau dort liegen die Chancen der Firmen und auch die unseren. Wir brauchen uns also auch vor dem größten Logo nicht zu verstecken, denn wir werden gebraucht.

Wie die Realität für viele Firmen aussieht, konnte man auf der CampusChances Messe in Karlsruhe sehen. Dort kamen im Juni 2004 fast mehr Aussteller als Nachwuchskräfte. Die Firma Olympus Winter & Ibe GmbH kam sogar aus Hamburg, um Ingenieure einzustellen. Leider ohne Erfolg. Für Medizintechnik gibt es viel zu wenig Nachwuchs, und der Kampf um die guten Köpfe hat schon vor langer Zeit begonnen. Auch andere Betriebe kamen, um von der TU-Karlsruhe Ingenieure einzustellen. Die meisten mussten ebenfalls erfolglos nach Hause fahren.

Selbst NORMA-Lebensmittelfilialbetrieb GmbH & Co.KG hatte es nicht leicht, Betriebswirte zu

---

[1] Bosch-Zünder N° 7/8, 2004

finden. Einstiegsgehälter von 48.000 Euro p.a. und ein eigener Firmenwagen machten da keinen Unterschied. Dabei entschuldigte man sich fast für das niedrige Einstiegsgehalt und versprach, es sofort wesentlich zu erhöhen, sobald man mit der Leistung zufrieden sei.

Das ist selbstverständlich eine Momentaufnahme, und es gibt auch andere Fakten: Zwischen 1993 und 2003 ist z.B. die Zahl der arbeitslosen Akademiker um fast 28% gestiegen,[2] und 60% der arbeitslosen Juristen sind unter 35 Jahre[3] alt. Aber auch das sind nur Momentaufnahmen. Die demografische Entwicklung zeigt eindeutig, dass die geburtenstarken Jahrgänge sehr bald in den Ruhestand gehen und der Nachwuchs ausgezeichnete Chancen hat.

Natürlich ist uns die Demografie egal, wenn wir einer der 3.600 Bewerber für 100 freie Lehrstellen bei der Firma Roch in Mannheim sind. Aber auch hier dürfen wir uns von den Zahlen nicht abschrecken lassen. Wie wir bereits im siebten Kapitel gesehen haben, reichte selbst das Verhältnis von 250 zu 3 gerade einmal aus, um die richtigen Mitarbeiter zu finden, und auch bei Roch konnten trotz der vielen Bewerber nur 89 Plätze besetzt werden.

Wieso das?

Ganz einfach. Die Firma forderte, dass die Durchschnittsnote nicht schlechter als drei sein sollte. Das konnten schon einmal mehr als die Hälfte aller Bewerber nicht erfüllen.

---

[2] Bundesagentur für Arbeit 2003

[3] Arbeitsagentur, Abi-Magazin 4/2004

Da die international arbeitende Firma viel Wert auf Teamarbeit legt, sollte die Betragensnote ebenfalls mindestens eine drei sein. Auch das schafften viele nicht.

Dann erwartete man ein einigermaßen sauber geschriebenes Bewerbungsschreiben, und dass die öffentlich bekannt gegebenen Bewerbungsfristen eingehalten wurden. Hier fielen noch einmal mehr als tausend Bewerber durch, so dass man zum Schluss nur 454 angehende Lehrlinge zum Auswahlverfahren einladen konnte.

Den Schülern wurden dort Aufgaben mit Hauptschulniveau gestellt, aber das war für viele schon ein Problem. Allein bei der Rechenaufgabe 2+3x5=? fielen mehr als 50% durch, egal ob Hauptschüler oder Abiturienten!

„Darüber sind wir gar nicht glücklich", meinte der Ausbildungsleiter, Herr Fillinger. „Wir brauchen den Nachwuchs, aber tiefer als Hauptschulniveau können wir beim Test einfach nicht gehen."

Dabei kostet eine kaufmännische Ausbildung die Firma Roch zirka 100.000 Euro, und bei einer Laborantenausbildung rechnet man sogar mit 150.000 Euro. Also eine erhebliche Investition für die Firma.

Aber gerade deswegen rät der Ausbildungsleiter jedem, sich unbedingt für seinen Traumberuf zu bewerben, unabhängig davon, wie viele andere Bewerbungen eingehen.

Wie wir gesehen haben, geht es also gar nicht um die Frage, „Wer braucht eigentlich wen?“, sondern um die viel schwierigere Aufgabe, den richtigen Partner zu finden. Und das gilt für beide Seiten. Eins ist dabei allerdings sicher: Wenn wir uns nur halb so viel Mühe geben wie die Firmen, dann stehen uns alle Türen offen.

Das Auswahlverfahren

Jetzt ein Blick auf die Hochschulen: Endlich haben sie es begriffen! Millionen von Studienabbrechern und Studiengangwechslern können nicht irren. Die Abiturnote sagt nicht viel über die Eignung für eine

bestimmte Fachrichtung aus. Selbst Leute mit einer Abi Note von 1,0 brechen ab, und wer nur aus Prestigegründen eine Fakultät wählt, aus dem wird nie ein richtiger Fachmann. Deshalb gibt es an den Hochschulen immer mehr Auswahlgespräche, - leider -, denn darauf könnten wir als Studienanfänger leicht verzichten.

Da wir aber die Welt nicht ändern können, müssen wir uns dem Auswahlgespräch stellen und das Beste daraus machen. Grundsätzlich sollten wir keine Schwierigkeiten damit haben, denn wir wissen was wir wollen. Auf Hochschultagen, Abi-Messen und vielleicht sogar bei Schnupperstudien sind wir zu unserer Studienwahl gekommen, und das Hochschul-Ranking gab uns einen Einblick, mit wem wir es zu tun haben und was erwartet wird.

Aber genau wie bei den Betrieben, so sieht auch hier die Realität oftmals etwas anders aus. Es gibt nach wie vor massenweise Studienabbrecher und Fachbereichswechsler, und die Auswahlverfahren sind ungerecht wie jede Prüfung. Die Professoren sind nun einmal keine Psychologen, und selbst die erzeugen mit den von ihnen ausgearbeiteten Tests leichtes Kopfschütteln, wenn sie zum Beispiel über Kreise, Linien, Männchen beim Bergsteigen und ähnliche Hexereien unsere Eignung für das Jurastudium herausfinden wollen.

Dennoch meldet die TU-München, dass nach Einführung des Aufnahmeverfahrens die Studenten bessere Leistungen erbringen und zügiger studieren. Das heißt, wir müssen uns also wohl oder übel auch für die Zukunft auf die Auswahlverfahren einstellen.

Allerdings werden wir auf keinen Fall zu denen gehören, die völlig aufgelöst beim Studienberater anrufen, und wissen wollen wie man das Auswahlgespräch übersteht.

„Mit Selbsterforschung“, rät ein Studienberater von der FU-Berlin zu Recht. Genau das haben wir getan, als wir unsere Wunschliste schrieben, als wir unsere Umwelt als Berufsberater nutzten, als wir auf unsere innere Stimme hörten und als wir mit Praktika hinter die Kulissen unserer Traumberufe schauten. Auch wissen wir, warum wir gerade an dieser Hochschule studieren wollen, denn wir haben uns den Studienplan angeschaut und uns über die Schwerpunkte der Hochschule informiert. Deshalb können wir uns den Anruf beim Studienberater sparen.

Das Auswahlgespräch meistern

Nachdem wir uns etwas allgemein mit den Auswahlverfahren beschäftigt haben, wollen wir uns jetzt einige Tricks anschauen wie wir das Auswahlgespräch überstehen. Allerdings müssen wir der Vollständigkeit halber noch kurz auf das Bewerbungsschreiben eingehen, denn erst, wenn wir mit dem Bewerbungsschreiben die Firma oder die Hochschule neugierig auf uns gemacht haben, werden wir zum Auswahlgespräch eingeladen.

Wie man das macht, steht in unzähligen Büchern, wir wollen hier nur den Rat des „Bewerbungspapstes", Herrn Jürgen Hesse, erwähnen, der neben

unseren Zeugnissen vor allem auf das Foto und die Unterschrift als entscheidenden Sympathieweichensteller hinweist. Beides sollte am besten zusammen auf einer Seite erscheinen und direkt hinter dem kurzen Anschreiben liegen. Damit bekommt der Personaler sofort den so wichtigen ersten Eindruck[4] von uns, und wir haben unsere Chance erhöht, auf dem Stapel der Bewerber zu landen, die in die engere Wahl gezogen werden.

---

[4] „50% aller Bewerber werden nach Fotos aussortiert", Andrea Erdmann, Bewerbungsberaterin.

Aber nun zum Auswahlgespräch. Das ist allerdings bereits gelaufen bevor es richtig begonnen hat, denn der wichtige erste Eindruck bildet sich in den ersten Sekunden. Er beginnt mit dem Anklopfen und endet mit dem Eintreten.

„Wie er die Bühne betritt und sie wieder verlässt, daran erkennt man den guten Schauspieler", sagte Shakespeare, und genau das trifft auch auf uns zu. Deshalb sollten wir wie jeder Staatsschauspieler auch das Anklopfen und das Eintreten schon einmal zu Hause üben.

Wenn wir mit unserer „Vorstellung" zufrieden sind, brauchen wir nur noch drei kleine Tricks zu beachten, um unsere ganz natürliche Nervosität auf ein Mindestmaß zu reduzieren, damit wir uns so authentisch wie möglich geben können.

- Wir schreiben uns zu Hause noch einmal unsere ganz spezifischen Stärken auf. Die können wir dann mit Überzeugung vortragen und vergessen sie in der Hitze des Gefechts nicht.
- Wir atmen dreimal tief und ruhig durch bevor wir das Gebäude betreten.
- Wir stellen uns vor, dass der ganze Laden sowieso nur auf uns wartet.

Wenn wir das beherzigen, haben wir uns optimal auf das Vorstellungsgespräch vorbereitet. Das eigentliche Gespräch ist sowieso ein Heimspiel für uns. Wir haben uns dort beworben, und wissen genau warum und was wir damit erreichen wollen. Wenn sich unsere Ziele mit denen der Firma oder des Instituts vereinbaren lassen, sind wir zur richtigen Stelle gekommen, ist das nicht der Fall, haben wir dort sowieso nichts zu suchen.

Zusammenfassung: Es gibt zwei sichere Methoden, um Türen zu öffnen: Durch „Drücken" oder „Ziehen", das heißt, indem wir aktiv werden.

12. Kapitel

Geld

- Im Geld liegt Macht und Ohnmacht
- Auf den Umgang kommt es an
- Millionäre brauchen nicht viel Geld
- Auch wir können reich werden
- Kredit ist kein schmutziges Wort

Geld

Ohne Geld geht wenig, da können wir uns weder einen Kaffee leisten noch gemütlich eine Zeitung lesen. Wenn wir allerdings der reichste Mann der Welt wären, also Bill Gates, dann könnten wir das auch nicht. Wir hätten dann zwar das nötige Kleingeld, aber unser Leben würde sich zwischen Alarmanlagen und Bodyguards abspielen. So einfach mal einen Kaffee an der Straßenecke trinken und in Ruhe die Zeitung lesen, ist also auch für Bill nicht drin.

Mehr Geld bedeutet daher nicht unbedingt mehr Freiheit oder einen ruhigeren Schlaf, allerdings ist es ganz ohne Geld auch nicht gerade lustig. Geld beeinflusst folglich unser Leben erheblich.

Natürlich werden wir sagen: „Ich will nur genügend Geld zum Leben haben und etwas auf die hohe Kante legen können, mehr nicht."

Das hört sich einleuchtend an, aber auf die Frage: „Was ist denn genügend?", wird jeder von uns eine andere Antwort haben, und das gleiche gilt für den Sparstrumpf. Darüber hinaus werden sich die Zahlen in den verschiedenen Lebensphasen erheblich ändern. Einfach ist der Umgang mit Geld bestimmt nicht.

Eine Umfrage[1] hat ergeben, dass sich 75% der Deutschen bezüglich ihrer finanziellen Lage sorgen, und 57% machen sich sogar „große Sorgen."

---

[1] Perspektive Deutschland 2004

Wir müssen uns also auch etwas mit dem Thema Geld beschäftigen, aber Vorsicht: „Nicht einmal infolge der Liebe sind so viele Leute verrückt geworden wie infolge des Nachdenkens über das Wesen des Geldes“, William Gladstone (1809 - 1898).

Die Mausefalle

Das ganze Thema Geld beginnt für uns eigentlich sehr vernünftig. Mehr als zwei Drittel von uns geben an, dass ihnen ein interessanter Beruf viel wichtiger ist als das große Geld. Das ist eine sehr gute Einstellung. Leider spielt das reale Leben seine Streiche mit uns. Viele verlieren die Lust am Beruf und machen die Arbeit nur noch des Geldes wegen. Daran ist vielleicht die falsche Berufswahl Schuld, die Vorgesetzten, eventuell die permanente Versuchung durch die Werbung, sicherlich auch die erhöhten Ausgaben für unsere Familie, oder ganz einfach unsere größeren Ansprüche. Wie auch immer, es ist nun einmal Tatsache, dass viele von uns ihre Haut täglich zum Markt tragen und Dinge nur noch des Geldes wegen tun.

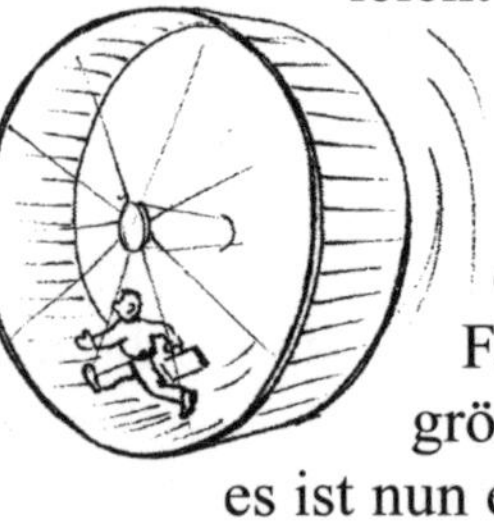

Wir sind also in die Mausefalle geraten.

Wie kamen wir da rein?

Wir haben einfach die Macht unserer Umwelt und die Zwänge des Alltags unterschätzt. Wir verdienen vielleicht als Rechtsanwälte, Kunstschlosser oder Heilpraktiker nicht schlecht, aber die Preise für ein schickes Auto sind auch nicht billiger geworden, und das Gleiche gilt für die Theaterkarte und die Flasche

Wein danach. Wir leisten uns vielleicht einige Kurztrips, aber der Montag kommt immer viel zu früh. Unser Leben droht ein Kreislauf zu werden, in dem wir auf einmal nur noch leben, um zu arbeiten. Wir haben keine Zeit für das richtige Leben, und vor lauter Stress auf der Arbeit fehlt uns auch dort die Zeit, unsere interessanten Ideen weiter verfolgen zu können.

Das ist ein Phänomen unserer Zeit und in allen Industrieländern sehr weit verbreitet. Die englischsprachige Welt nennt es „ratrace“ und sagt: „Even if you win the ratrace, you're still a rat“, und die Franzosen nennen den Kreislauf „Métro, Boulot, Dodo“, also: „Hin zur Arbeit, ackern, schlafen.“

In England macht gerade[2] ein Vergnügungspark Schlagzeilen, weil die Direktion die Arbeitsunlust ihrer Mitbürger nutzte und unter www.ihatework.co.uk, also: „Ich hasse die Arbeit“, die Besucher anlockte.

Ihre Rechnung ging auf. Jeder dritte Besucher machte blau und tauschte die Arbeit gegen den Vergnügungspark ein.

Wer mit solcher Unlust zur Arbeit geht, sollte nicht in den Vergnügungspark gehen, sondern laut HALT schreien und sich seine Wunschliste vom fünften, und das kleine Zahlenspiel vom sechsten Kapitel noch einmal in Ruhe durchlesen.

---

[2] April 2004

Dort haben wir gesehen, dass wir uns wünschen können so viel wir wollen, dass aber auch alles seinen Preis hat. Damals war uns die Tragweite vielleicht noch nicht ganz klar, aber jetzt wenn wir morgens im Stau stehen, die Hypothekenzahlung für das Haus fällig wird, und wir schon lange nicht mehr sportlich tätig waren, sollten wir uns an unsere damaligen Gedanken erinnern.

Was waren noch einmal unsere Prioritäten? Sind wir zu Hause, wenn unsere Kinder von der Schule kommen? Gehen wir noch regelmäßig ins Theater? Haben wir noch Zeit für unseren Italienischunterricht? Sind wir noch ehrenamtlich tätig?

Erst wenn wir uns wieder in den Mittelpunkt des Lebens stellen, uns an unsere Prioritäten in unserer Wunschliste erinnern und diese mit den seitdem gemachten Erfahrungen verfeinern, werden wir Wege finden, die uns genau dieses Gleichgewicht zwischen Arbeit, Geld und Freizeit ermöglichen, das uns in der Hitze des Gefechts abhanden gekommen ist.

Interessanterweise scheinen uns die Südländer da einiges voraus zu haben. Eine Untersuchung von David Halpern[3] hat ergeben, dass die glücklichsten Menschen in Puerto Rico und Mexiko leben. Das deutet darauf hin, dass Wohlstand nicht automatisch glücklich macht.

---

[3] Professor für Sozial- und Politikwissenschaften in Cambridge, Oxford und Havard und politischer Berater des britischen Premierministers Tony Blair

Eine Erfahrung, die jeder von uns bereits gemacht hat, wenn er in den Ferien in einem der südlichen Länder war. Dort laufen die Uhren anders. Man hat mehr Zeit fürs Leben und kann noch genießen.

Halpern weist das mit der Glückskurve nach, die ab einem bestimmten Lebensstandard abflacht. Das durchschnittliche Einkommen in den westlichen Industrienationen hat sich innerhalb von vierzig Jahren verachtfacht, ohne dass sich das Wohlbefinden wesentlich gesteigert hat.

Ähnliches gilt übrigens auch für die Bildung. Auch die beeinflusst unser Wohlbefinden nur wenig. Allerdings steigt die Lebensqualität des Einzelnen mit hohem Bildungsstand in der Gesellschaft.

Unsere Rechnung geht also nur dann auf, wenn wir einen Beruf ausüben, der uns Spaß macht und wir vor allem nicht den Fehler machen, Lebensstandard mit Geld zu verwechseln.

Vielleicht sollten wir am nächsten Samstag einmal in ein Einkaufszentrum gehen, uns dort gemütlich ins Café setzen und uns unsere Mitmenschen etwas genauer ansehen.

Wer ist ein Millionär?

Da wir in diesem Kapitel über Geld reden, wollen wir es auch richtig tun. Einmal richtig Geld zu haben, dass ist der Traum vieler Leute. Dafür wird Lotto gespielt, in die Kasinos gegangen, die Erbschaftsklage eingereicht, werden Bankeinbrüche ausgeklügelt, reiche Frauen und Männer geheiratet, wird an der Börse spekuliert und natürlich auch geschuftet wie verrückt. Alle haben den Blick auf das große

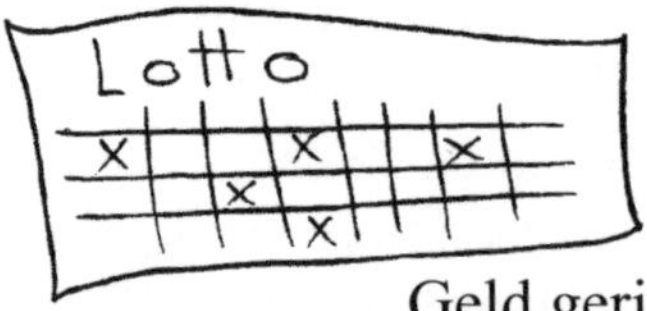

Geld gerichtet. Aber wie viel muss man haben, um Millionär zu sein? Eine Million Euro? Fünf Millionen? Oder reichen 100.000 Euro schon aus?

Alle diese Beträge sagen überhaupt nichts über einen Millionär aus. Fünf Millionen Euro reichen nicht aus wie ein Millionär zu leben, wenn die täglichen Ausgaben größer sind als die täglichen Einnahmen. Dann nämlich sind wir gezwungen zu arbeiten, um den Differenzbetrag zu verdienen. Wir können natürlich laufend Geld vom Kapital entnehmen, das allerdings je nach Entnahme schnell schmelzen wird. Wie relativ die Zahlen sind erkannte Seneca schon vor 2.000 Jahren: „Nicht wer wenig hat, sondern wer viel wünscht, ist arm."

Eine gute Definition des Millionärs kommt vom Altmeister der Spekulation, dem verstorbenen Geldguru André Kostolany: „Ein Millionär ist ein Mann, der jedem jederzeit den Götz von Berlichingen[4] anbieten kann."

Das ist eine enorme Freiheit, die nur sehr wenige erreicht haben. Allerdings fehlen hier noch zwei entscheidende Kriterien, nämlich die Gesundheit und das Alter.

---

[4] Goethe: „Du kannst mich am Arsche lecken."

Was hilft es einem 35-jährigen Dachdeckermeister, der 15 Jahre lang nur geschuftet hat und mit einer kaputten Wirbelsäule und einem Herzinfarkt schließlich sein neues Mehrfamilienhaus für 2 Millionen verkauft. Mit dem Geld in der Tasche wird er vor lauter Aufregung innerhalb einer halben Stunde mit seinem zweiten Herzinfarkt ins Krankenhaus eingeliefert. Was hat der von seinem Geld?

Das Gleiche gilt für die Rechtsanwältin, die mit 60 Jahren ihre Kanzlei übergibt, von ihren Miet- und Zinseinkünften lebt und das Leben nachholen will, welches sie jahrzehntelang versäumt hat zu leben.

Man ist also im erweiterten Kostolanischen Sinn nur dann Millionär, wenn man bei guter Gesundheit und mit maximal 40 Jahren jedem den „Götz" anbieten kann. Aber auch das ist nur ein grober Anhaltspunkt. Vielleicht macht die folgende Geschichte die Relativität des Geldes noch etwas anschaulicher.

Im letzten Jahr kam ich in Marbella mit einer Frau ins Gespräch. Sie ist eine Deutsche und lebte schon seit zwölf Jahren in Spanien. Damals kam sie mit ihrem Freund an die Costa del Sol und fand sofort Arbeit in einem Hotel. Ihr Freund wollte sich allerdings erst einmal etwas ausruhen. Dabei hatte er sich wohl zu sehr mit dem Alkohol angefreundet, und es gab Krach. Er wollte zurück nach Deutschland, sie nicht. Er ging, sie stellte sich in den Mittelpunkt ihres Lebens und ließ ihn laufen.

Eine Frau mit Prinzipien hat natürlich nach zwölf Jahren einiges vorzuweisen. Das zeigte sie mir auch voller Stolz. Es war ein riesiger Schlüsselbund mit vielleicht 30 Schlüsseln daran.

„Seit Jahren putze ich nur noch privat“, sagte sie selbstsicher. „Das meiste sind Villen, aber ich habe

auch einige Wohnungen. Bevor die Besitzer kommen, mache ich sauber und fülle den Eisschrank."

Das ist ein toller Service, denn es ist nicht einfach, eine Person zu finden, der man sein Eigentum anvertrauen kann, und noch dazu im Ausland. Sie war sich auch ihres Wertes bewusst. „Wenn die Besitzer meckern oder mir zu blöde kommen, dann gebe ich einfach die Schlüssel zurück. Ich habe genug Arbeit, die brauchen mich und nicht ich sie.“

Das hatte sie richtig erkannt. Sicherlich war diese Frau keine Millionärin, aber sie hatte die große Freiheit, jedem den „Götz“ anbieten zu können. Eine Möglichkeit, die den Villenbesitzern mit all ihrem Geld versagt blieb. Deren Konten hatten in den meisten Fällen bestimmt die Millionengrenze überschritten, aber abhängig sind sie geblieben.

Mein ehemaliger Zahnarzt in Berlin wusste also schon, wovon er sprach, als er mir sagte: „Besitz macht unfrei.“

Wir wollen hier weder das Leben der Putzfrau oder des besitzlosen Vagabunden verherrlichen noch die vielen Vorteile von Besitz herunterspielen, wir wollen uns nur einmal klar machen, dass die Höhe des

Kontostands keinen direkten Einfluss auf Freiheit und Glück hat, und auch unsere Frage: „Wer ist ein Millionär?“, nicht so einfach zu beantworten ist.

Wie wird man Millionär?

Das ist viel leichter zu erklären. Millionär wird man genauso wie man Kellner wird, man muss es wollen.

Wer Kellner werden will, findet den Beruf klasse und möchte ihn auch gern ausüben. Im Idealfall hat er sich gefragt wie er leben möchte, ist irgendwie auf den Kellnerberuf gekommen, findet nach weiterer Information, dass der Beruf genau der Richtige für ihn ist und fängt mit der Lehre an. Damit hat er ein klares Ziel und wird solange daran festhalten, bis er Kellner geworden ist.

Beim Millionär ist es genauso. Man will Millionär werden, weil man frei von finanziellen Zwängen leben möchte. Auch hat man sich bereits Gedanken gemacht, was man mit seiner Freiheit anfangen will, denn nur am Strand liegen oder in Diskos gehen wird bestimmt bald langweilig.

Da es für den Millionär keinen Ausbildungsplan gibt, müssen wir uns bei denen erkundigen, die es bereits gemacht haben. Anstatt zum Arbeitsamt gehen wir in eine Bibliothek und holen uns Biografien über Millionäre oder andere Standardwerke[5] zu diesem

[5] „Meine Freunde die Millionäre“ von Bernt Engelmann oder „Millionäre“ von Axel Gloger

Thema. Dort erfahren wir wie sie zu ihren Millionen gekommen sind. Dabei werden wir freudig feststellen, dass es keinen speziellen Weg gibt, und jeder seinen Neigungen und Interessen entsprechend seine Million gemacht hat. Wir werden auch erfahren, dass die allermeisten Millionäre aus einfachen Verhältnissen kommen und aus eigener Kraft reich geworden sind. Auch waren alle Millionäre selbständig und übernahmen das volle Risiko für ihre Ideen, anstatt für jemanden zu arbeiten, und mit sicherem Einkommen, Urlaubsanspruch und Kündigungsschutz zu leben.

Bei aller Ungleichheit ihrer Charaktere und Talente haben die Millionäre in aller Regel eingefahrene Wege verlassen und sind ihren Träumen und Zielen treu geblieben. Auch werden wir keinen einzigen finden, bei dem das reibungslos verlief. Alle hatten Probleme, alle mussten Rückschläge einstecken, alle haben an Wochenenden gearbeitet, alle hatten den festen Willen, ihr Ziel zu erreichen.

Diese Wege stehen uns allen auch offen. Deshalb gibt es auch keinen Grund, warum wir es nicht schaffen können. „Unternehmer wird man durch eigenen Willen“, sagte der Altbundespräsident Herzog, … und Millionär natürlich auch.

Mit diesem Wissen steht zwischen uns und unserer ersten Million nur noch unser ganz persönlicher Weg dorthin. Aber bevor wir loslaufen vielleicht noch ein kleines Beispiel:

Die Geschichte Onassis ist eine von vielen, aber eine, die jederzeit nachgemacht werden kann. Onassis kam mit 17 Jahren als mittelloser Flüchtling nach

Buenos Aires. Er sprach weder Spanisch noch hatte er Beziehungen. Das hinderte ihn nicht daran, eine Stelle bei der Telefonauskunft zu ergattern. Aber das war nur eine Zwischenstation. Bald wurde er Nachtportier in einem Hotel. Das war genial. Er verdiente etwas Geld, hatte einen Platz zum Schlafen, brauchte also keine Wohnung, hatte immer genügend zu essen, lernte viele Leute kennen und das Beste von allem, er hatte den ganzen Tag frei.

Bei seinen Streifzügen durch das lebendige Buenos Aires der zwanziger Jahre fielen ihm die Zigarettenverkäufer an den Straßenecken auf. Damals wurden die Zigaretten noch per Hand gedreht und per Stück verkauft. Das konnte er besser, denn in seiner Heimat Smyrna, heute Izmir, gab es schon die kleinen Apparate, mit denen man Zigaretten drehen konnte. Bald hatte er einige dieser Maschinchen organisiert und verschiedene Verkäufer überredet, sie zu benutzen. Danach begann Onassis mit dem Import von Tabak, wurde Konsul, kaufte sein erstes Schiff und war mit 25 Jahren Dollarmillionär.

Die Zeiten haben sich geändert, aber Stellen als Nachtportier gibt es immer noch, und ein Bett zum Schlafen steht dort auch. Ob wir dann den uns zur Verfügung stehenden Tag gewinnbringend planen, liegt an uns. Dazu wäre es nicht schlecht, wenn wir uns an eine kleine Untersuchung von Sokrates erinnern: „Als ich merkte, dass von Leuten mit gleichen Fähigkeiten die einen sehr arm, die anderen aber reich sind, wunderte ich mich, und es schien mir eine Untersuchung wert. Da stellte sich nun heraus, dass das ganz natürlich zuging. Wer nämlich ohne Plan handelte, an dem rächte es sich. Wer sich aber mit angespanntem Verstand bemühte, der arbeitete leichter und gewinnbringender."

Geld für die Ausbildung

Vielleicht arbeiten wir auch gerade als Nachtportier, aber uns fällt nichts ein wie wir tagsüber Millionär werden können. Macht gar nichts. Wir haben ja noch etwas Zeit, und wenn wir die für eine bessere Ausbildung nutzen, dann haben wir uns bestimmt nicht schlecht entschieden, denn „Bildung ist das, was übrig bleibt, wenn der letzte Dollar weg ist", (Mark Twain).

Leider kostet die Ausbildung manchmal auch Geld, und viele wollen einfach den Eltern nicht mehr auf der Tasche liegen, wollen ihr eigener Herr sein und gehen neben dem Studium arbeiten. Endlich sein eigenes Geld zu verdienen, ist ein gutes Gefühl. Man ist keinem mehr Rechenschaft schuldig und sammelt gleichzeitig Erfahrungen in der realen Welt.

Aber es hat auch viele Nachteile. Mit Studium und Arbeit wird die Zeit knapp. Wie soll man seinen anderen Interessen nachgehen? Der Freund oder die Freundin, der Sportverein, ein soziales Engagement, etwas Kultur, und auch einmal eine Vorlesung nur mal so zum Spaß zu hören, wird schwierig zu organisieren sein. Sehr schade, denn die Studentenjahre kommen nie mehr wieder, die Arbeit rennt uns allerdings nicht davon. Vielleicht sollten wir deshalb die Arbeit etwas warten lassen oder sie zumindest auf das absolute Minimum reduzieren.

Somit ist es an der Zeit, einmal darüber nachzudenken, wie wir zu Geld kommen können, ohne dafür zu arbeiten. Das geht natürlich nur, wenn uns jemand etwas vorstreckt. Möglichkeiten gibt es viele. Da gibt es den Staat mit seinem Bafög, viele Stiftungen und vielleicht das Darlehen der privaten Hochschule selbst. Aber diese klassischen Unterstützungen sind uns bekannt und vielleicht für uns auch gar nicht realisierbar. Bleibt die private Förderung, also Geld aus unserer Familie, von Verwandten und Bekannten.

Das bringt uns zwar wieder in eine Abhängigkeit, aber solange wir keine Millionäre sind, müssen wir uns an diese Kompromisse gewöhnen.

Um diese auf ein Minimum zu reduzieren, müssen wir uns also ein Leben lang fragen:

Was kostet die Ware?

Was muss ich dafür tun, um das Geld zu verdienen?

Lohnt sich der Aufwand?

Stellen wir uns diese Fragen, sind wir auf dem richtigen Weg, beantworten wir sie, sind wir Lebenskünstler.

Aber zurück zum Problem.

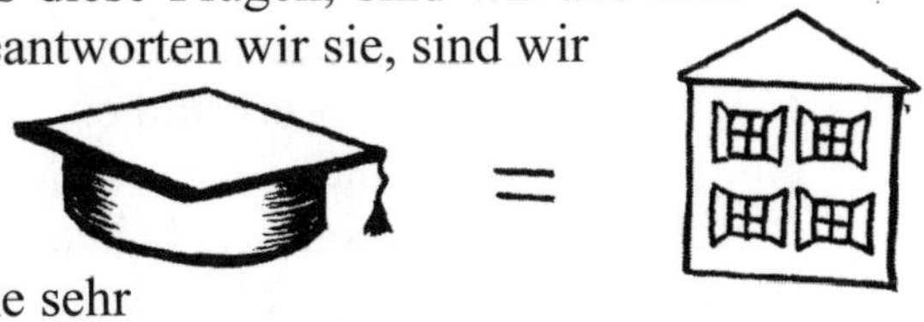

Bildung ist eine sehr gute Investition, sowohl in finanzieller als auch in persönlicher Hinsicht. Da wir von der Bildung unser ganzes Leben profitieren, müssen wir sie als eine langfristige Investition betrachten und sollten sie mit einem Hauskauf vergleichen. Auch dafür brauchen wir Fremdgelder, und nicht zu knapp. Das Geld kommt in Form von Hypotheken von den Banken, und zwar in aller Regel von mehreren. Je nach Form der Kreditinstitute übernehmen sie die erste, zweite, oder gar dritte Hypothek und finanzieren damit den Gesamtkreditbedarf. Ganze Städte sind so entstanden.

Von diesem System sollten wir lernen. Denn auch für uns wird es schwierig sein, das Studiengeld, die Bücher, den Lebensunterhalt und auch noch etwas Taschengeld über nur eine Person finanzieren zu lassen. Selbst wenn wir einmal das Studiengeld weglassen, müssen wir für unseren Lebensunterhalt tausend Euro pro Monat rechnen, denn: „Das lustige Studentenleben ist teuer. Es geht auch billiger, aber dann ist es nicht mehr lustig.“ (fast Cervantes „Don Quijote“)

Der Spruch ist zwar toll, aber so richtig wahr ist er nicht, denn man kann auch mit 500 Euro eine sehr lustige Studienzeit verbringen. Wir gehen hier einmal von tausend Euro aus, das rechnet sich auch leichter.

Wie finanzieren wir nun unsere tausend Euro?

Im achten Kapitel haben wir uns bezüglich unserer Studien- & Berufswahl mittels eines Fragebogens Meinungen von Verwandten und Bekannten eingeholt. Genau das ist auch jetzt wieder unsere Zielgruppe, denn irgendwie haben wir sie an unserem Projekt beteiligt und kennen bereits deren Bereitschaft, uns zu helfen. Wenn wir es fertig bringen, fünf von ihnen zu animieren, uns monatlich 200 Euro für die Zeit unserer Ausbildung zu schenken oder zu leihen, dann ist unsere Finanzierung gesichert.

Natürlich werden sich einige von uns nicht trauen, schon wieder nach Geld zu fragen, aber das muss man in einem größeren Zusammenhang sehen. Eine gute Ausbildung hat nicht nur erheblichen Einfluss auf unser Leben, sondern auch auf das unserer Familie und unserer Bekannten. Alle profitieren letztlich davon, wenn wir einmal Sänger, Steuerberater, Architekt oder Arzt geworden sind.

Dazu kommt noch die Befriedigung, jemandem geholfen zu haben. In unserer Zeit der Singles gibt es viele gutsituierte Menschen ohne Familie, die uns sehr gerne helfen unser Ziel zu erreichen. Auch ist es eine gute Idee, Bekannte zu fragen, die es im Leben nicht leicht hatten und kämpfen mussten, um ihre Ziele zu erreichen. Diese Menschen können sich viel besser in unsere Situation versetzen als jemand, dem alles zugefallen ist.

Wenn wir unser Projekt verständlich vortragen und auf die vielen Vorteile eines Studiums ohne Arbeitsunterbrechung hinweisen, dann haben wir schon halb gewonnen. Vielleicht sind wir auch der Meinung, dass 200 Euro eigentlich viel Geld ist, aber wir dürfen dabei nicht immer nur von uns ausgehen, für andere Personen braucht das schon nicht mehr zu gelten.[6]

Sollten wir mit all unseren Mühen anstatt 1.000 nur 500 Euro finanziert haben, dann müssen wir die

---

[6] Es stieg z.B. die durchschnittliche Erbschaft von 117.000 Euro im Jahr 1999 auf 160.000 Euro im Jahr 2000 und man erwartet 287.000 Euro für das Jahr 2010. (Deutschland Trend Buch, Karl-Rudolf Korte S.356)

andere Hälfte selbst verdienen, aber dieser Betrag ist bereits viel überschaubarer.

Natürlich kann man sich auch an Firmen wenden, die das Geld gegen Praktika und eine spätere Arbeitsverpflichtung vorstrecken. Dieses System wird sehr oft in so genannten Dualen Ausbildungen angeboten. Man geht zur Fachhochschule und macht den praktischen Teil bei einer Bezugsfirma. Hier kommt es auf die Einstellung an. Einige werden diese enge Verknüpfung zwischen Kredit und Arbeitsverpflichtung ablehnen, anderen ist es ein ideales Sprungbrett ins Berufsleben.

Wie auch immer wir unsere Studien- & Berufsausbildung finanzieren, wir sollten diese Zeit als etwas ganz Besonderes in unserem Leben betrachten. Hier schaffen wir uns eine solide Basis für den Rest unseres Lebens. Wir sollten uns deshalb gut überlegen, ob wir diese Zeit durch Arbeit noch zusätzlich verkürzen sollten.

Zusammenfassung: Wir sollten nicht immer an das Geld denken, denn das schadet der Lebensfreude. Wollen wir aber unbedingt Geld haben, dann sollten wir uns auch unbedingt aufs Geldverdienen konzentrieren.

13. Kapitel

So erreicht man Ziele

- Ziele muss man sich suchen
- Im Beginn liegt eine Kraft
- Neugierde schafft Ziele
- Man braucht Vorstellungskraft
- Ohne Wille läuft gar nichts

So erreicht man Ziele

Auf unserer Reise haben wir bereits erfahren wie wir uns orientieren können. Jetzt brauchen wir nur noch zu wissen, wie wir unser Ziel auch wirklich erreichen.

Eigentlich ist es ganz einfach, denn wo ein Wille ist, ist auch ein Weg, und der bringt uns an unser Ziel. Aber mit dem Willen ist es so eine Sache, denn erstens muss man erst einmal einen haben, und so ganz alleine kann dieser uns auch nicht zum Ziel führen. Dazu kommt, dass uns gerade in unserer Altersgruppe zwischen 14 und 24 Jahren alle Türen offen stehen, und sich unsere Interessen schneller ändern als die Modelle der Handys. Tanzen, Sport, Lesen, Reisen, Schauspielern, alles hört sich gut an. Sollten wir wirklich auch einmal an Berufe denken, so könnten wir uns Fotograf, Physikerin, Musiker, Reiseführerin, Reitlehrer, Pilotin und unzählige andere Tätigkeiten für uns vorstellen.

Es ist etwa so wie in einer Baumschule. Sich aus der Riesenauswahl von Bäumchen seinen auszusuchen, ist gar nicht einfach, ihn dann in seinem Garten so einzupflanzen, dass er wächst und süße Früchte trägt, bedarf weiterer Kenntnisse. Und die wollen wir uns jetzt aneignen.

Ziele erzeugen Kraft

Wollen wir wirklich ein interessantes Leben führen, dann müssen wir uns ein Ziel suchen, wofür es sich lohnt frühmorgens aufzustehen. Wie konkret unser Ziel zu sein hat, ist nicht so leicht zu beantworten, aber wenn wir uns auf Goethe einigen könnten: „Besser ungefähr richtig, als total falsch", dann haben wir schon einmal eine Richtung.

Eine Richtung zu haben ist deshalb so wichtig, weil wir damit etwas gefunden haben, für das wir uns begeistern können, und das setzt neue Kräfte frei. Das ist auch sehr nötig, denn auf unserem Weg zum Ziel gibt es viele Steine, und nur wenn wir unser Ziel auch wirklich erreichen wollen, werden wir die notwendige Kraft aufbringen, die Steine wegzuräumen.

Sollte das nicht der Fall sein, und sollten wir uns nur auf den Weg gemacht haben, weil es die Eltern so wollten oder die Statistik gute Anstellungsmöglichkeiten voraussagte, fehlt uns diese Kraft. Den Steinen ist das allerdings völlig egal, sie legen sich immer in den Weg. Wenn wir also auf einem Weg sind, der in Wirklichkeit nicht der unsere ist, werden wir es auch nicht der Mühe wert finden, die Steine wegzuräumen. Warum sollten wir auch, so wichtig ist uns das dahinterliegende Ziel auch wieder nicht. Also machen wir es uns bequem und nehmen einfach einen anderen Weg.

Leider liegen dort auch Steine. Die werden wir natürlich wieder nicht wegräumen, denn so brennend interessiert uns auch dieser Weg nicht.

So geht es immer weiter. Dadurch sind wir zwar dauernd beschäftigt, die Zeit und unser Leben vergeht, aber ankommen werden wir nirgends. Wir weichen nur aus, wir drehen uns im Kreis.

Vielleicht werden einige sagen: „Na und? Die Zeit vergeht für alle gleich schnell, und wenn ich keine Steine wegräumen muss, bekomme ich wenigstens keine Schwielen an den Händen."

Das stimmt, aber wir bekommen auch keinen Glanz in die Augen. Denn wer fortlaufend etwas Neues beginnt und es sofort wieder verwirft sobald die ersten Schwierigkeiten auftreten, wird bald überhaupt nichts mehr beginnen.

Das ist allerdings sehr gefährlich, denn es führt sehr schnell zu Mutlosigkeit. Man bringt einfach nicht mehr die Kraft auf, sich für etwas zu begeistern, denn aus Erfahrung weiß man, dass sich die ganze Mühe sowieso nicht lohnt, weil sie wieder am ersten größeren Stein enden wird. Diese Einstellung führt leider sehr schnell zu Depressionen, und das ist gar nicht lustig. Dann sitzt man lustlos in einem dunklen Loch und kommt ohne fremde Hilfe nicht mehr heraus. Die englischsprachigen Psychologen nennen das „helplessness", also Hilflosigkeit.

Dabei hat ein Ziel nur Vorteile, denn es verändert unser Leben auf wundersame Weise. Es tritt plötzlich Ruhe und Gelassenheit ein. Wir haben unseren Weg gefunden, wir beschäftigen uns mit Themen, die uns Spaß machen, - ja -, wir können uns auf einmal sogar Zeit lassen. Denn ob wir unser Ziel etwas früher oder später erreichen, spielt überhaupt keine Rolle.

Weil es unser Ziel ist, und wir uns mit der Materie beschäftigen wollen, werden wir dort unsere Kenntnisse und Fähigkeiten automatisch verbessern, und das ganze Gerede von Leistung ist auch kein Thema mehr.

Ein weiterer nicht zu unterschätzender Vorteil liegt darin, dass wir uns nicht dauernd dafür zu verantworten brauchen, warum wir schon wieder die Richtung gewechselt haben, nachdem wir doch vor kurzem von unserem Projekt noch so geschwärmt hatten.

All dieser unnütze Ballast fällt ab, denn wir haben unsere Richtung gefunden und können damit auf unser Ziel zulaufen.

Was damit gemeint ist, zeigt uns Johannes:

Johannes war in die Musik verliebt, aber nicht nur mit dem Ohr an der CD, er wollte völlig in die Welt der Musik eintauchen. Dafür studierte er so viel er konnte. Seine praktische Ausbildung für Klavier und Geige absolvierte er am Konservatorium und seine theoretische Ausbildung im Fachbereich Musikwissenschaften an der Universität. „Es waren fünf harte Jahre“, erzählte er mit einem entschuldigendem Lächeln: „Ich strebte nach dem Besten im Menschen, hatte meine Ideale in der Renaissance.“

Das muss es wohl gewesen sein, denn danach begann für Johannes die Dirigentenausbildung. Ein Jahr an einer Universität in den USA und vier Jahre in Holland.

Jeder, der solch einen langen Weg gelaufen ist, hat darauf massenweise Steine gefunden. Johannes hatte auch seine Zweifel und musste Rückschläge erleiden. Aber sein Ziel stand fest, er wollte eines Tages ein großes Orchester dirigieren. Das konnte er allerdings nur, wenn er sich ganz der Musik verschrieb, denn nur so konnte er seinem Anspruch gerecht werden und ihr so gut und ehrlich wie nur möglich dienen.

Gegen solch eine Einstellung hatten die Steine auf seinem Weg natürlich keine Chancen. Dieser Mann lässt sich nicht so leicht stoppen, der hat ein Ziel.

Aber angekommen war er deswegen noch lange nicht. Dirigenten gibt es viele, Orchester dagegen nur wenige. Jeder will triumphieren, Johannes ist nur einer davon. Beziehungen spielen in diesem Geschäft eine große Rolle, Intrigen und Starallüren sind an der Tagesordnung. Es ist ein sehr mühsamer Weg, und darüber hinaus ist man noch vom Wohlwollen vieler Leute abhängig, nicht zuletzt von den Geldgebern.

Da Johannes aber dirigieren wollte, tat er alles, um sein Ziel zu erreichen. Er schrieb sich die Finger wund, um als Dirigent eingeladen zu werden, egal wie klein die Orchester waren. Es gelang ihm, zum Chefdirigenten eines guten Jugendorchesters ernannt zu werden. Aber Neider und Intrigen machten ihm das Leben schwer, und weiter ging sein Weg.

Bald dirigierte er die Matthäus-Passion in Nordamerika und war jahrelang als Chorleiter tätig, bevor er fast einstimmig zum Chefdirigenten eines großen nordamerikanischen Orchesters gewählt wurde.

Von dieser Position aus wurden seine Aussichten auch in Europa besser. So wurde er nach fünfjährigem erfolglosem Bemühen endlich eingeladen, ein großes Stadtorchester in Spanien zu dirigieren. Aber auch das war sehr mühevoll. Johannes war mit der Leistung des Orchesters nicht zufrieden. Er ordnete deshalb am Tag der Aufführung, einem wunderschönen Frühlingssonntag, eine nochmalige Generalprobe an. Da kam natürlich bei einigen Musikern keine gute Stimmung auf, denn die wären lieber mit ihren Familien spazieren gegangen.

Dazu kam, dass die Ankündigung des Konzerts in der Zeitung von einem Journalisten geschrieben wurde, der sehr wenig Ahnung von Musik hatte. Zum Konzert selbst kamen zu alledem auch nur wenige Leute, weil am gleichen Abend Real Madrid gegen Barcelona Fußball spielte, ein Nationalereignis in Spanien.

All das prallte an Johannes ab. Als ich ihn vor der Vorstellung in seiner Kabine besuchte, war er entspannt und konzentriert zur gleichen Zeit. In seinem Frack fühlte er sich wohl. Es war seine Welt.

Das Konzert war ein Erfolg. Johannes bekam vier Vorhänge und die Kritiken waren sehr gut. Das wird ihm bei seinen nächsten Bewerbungsschreiben helfen. Denn er sprach schon wieder über neue Möglichkeiten, in Ungarn zu dirigieren.

Johannes war von seinem Ziel, ein großes Orchester der Welt zu leiten, immer noch sehr weit entfernt, aber das ist egal. Über seine Zukunft braucht er sich keine Gedanken zu machen, denn wer sich jeden Tag ehrlich bemüht und seine Richtung kennt, wird unausweichlich sein Ziel erreichen.

Aber woher nimmt Johannes die Energie, jahrelang alle Steine aus seinem Weg zu räumen?

Ganz einfach, er bringt die richtigen Voraussetzungen mit, und die bestehen aus Neugierde, Vorstellungskraft und Willen.

Neugierde und Vorstellungskraft sind die beiden Beine, und der Wille ist die Kraft, die diese Beine in Bewegung setzt. Wenn ein Bein fehlt, dreht sich alles im Kreis und wenn keine Kraft vorhanden ist, bewegen sich auch die beiden Beine nicht.

Um besser zu verstehen, was damit gemeint ist, schauen wir uns diese drei Voraussetzungen einmal genauer an.

Die Neugierde

Die Neugierde bekommen wir bei der Geburt gratis mitgeliefert. Wir brauchen nur an einem Kinderwagen vorbei zu gehen, und dem Baby mit unserem ausgestreckten Finger kleine Kreise in die Luft zu zeichnen. Es wird nicht lange dauern, und das Baby schenkt dieser Bewegung seine ganze Aufmerksamkeit, es ist neugierig.

Später, zwischen vier und acht Jahren, erreicht unsere Neugierde ihren Höhepunkt. In dieser Zeit formulieren wir im Durchschnitt 33 Fragen pro Stunde[1]. Es ist die Periode, in der wir unseren Eltern Löcher in den Bauch fragen.

Leider sind wir erwachsen geworden, und unsere Neugierde schwankt zwischen zu viel, was uns dauernd ablenkt, oder zu wenig, wobei uns sowieso alles egal ist. Den richtigen Mittelweg zu finden, ist eine Kunst. Dafür brauchen wir eine Antenne, die unnütze Informationen herausfiltert, damit wir die für uns interessanten Anregungen besser hören können. Wenn wir das schaffen, dann werden wir auch fündig. Und davon sprach Heraklit bereits vor 2.500 Jahren: „Nur wenn wir das Unerwartete erwarten, merken wir auch wenn es kommt."

Wie Recht er damit hatte, können wir an der Geschichte von Hildegard sehen. Ihr Weg war krumm, mühsam und lang. Dennoch lief sie weiter, wollte einfach nicht aufgeben, hielt ihre Augen offen, hatte ihre Antenne ausgefahren.

Als Hildegard in ihre kleine Dorfschule ging, war die Welt noch in Ordnung. Ihre Mutter hatte sie zwar

---

[1] "Hablemos de la vida" , S. 49 von Preciado und Marina

früh verloren, aber die Großfamilie gab ihr Halt. Als sie aufs Gymnasium wechselte, musste sie leider mit dem Bus in die Stadt fahren, und dabei wurde es ihr immer so schlecht, dass sie es nicht mehr aushielt und zurück auf die Dorfschule ging. Nach der Hauptschule folgte die Haushaltsschule mit Realschulabschluss. Leider gab es keine Arbeit, aber Hildegard fand Interesse an Kindern und begann die Ausbildung zur Erzieherin mit gleichzeitigem Abschluss Fachabitur. Danach studierte sie Soziologie, aber das war nicht das Richtige. Hildegard brach ab und arbeitete jahrelang als Erzieherin. Am Anfang war diese Tätigkeit noch interessant, aber ihre Augen wurden immer suchender, denn sie wollte noch etwas aus ihrem Leben machen, wusste aber nicht was.

Als sie jemand auf Fußreflexzonenmassage aufmerksam machte, stellte sich vom ersten Moment an ein gutes Gefühl in ihrem Bauch ein. Jetzt stimmte auf einmal alles. Menschen heilen zu können, wäre wunderbar, das war ihre Sache, das wollte sie machen.

Nach der ersten Ausbildung folgten Studien zur Heilpraktikerin und der Spezialkurs für Cranio-Sakral Therapie. Seit kurzem ist sie in einer Ärztepraxis tätig und behandelt dort einmal pro Woche. Dann hat sie natürlich noch ihre Privatklienten, und der nächste Fortbildungskurs steht auch schon auf dem Programm.

Nun kann man wahrlich nicht sagen, dass Hildegard zielstrebig vorgegangen ist. Sie hat sich weder eine Wunschliste gemacht noch hat sie sich verschiedene Berufe in Aktion angesehen, sie konnte deshalb auch nicht geradlinig auf ihr Ziel zulaufen. Dafür hat sie einen Preis bezahlt, denn ihre Berufung fand sie erst mit 30 Jahren. Aber Hildegard hatte immer ihre Antennen auf Empfang gestellt, war offen für neue Impulse und hatte die Neugierde nie verloren.

Die Vorstellungskraft

Wenn wir uns nicht vorstellen können, auf dem Seil zu tanzen, dann werden wir auch nicht das Ziel haben, Seiltänzer zu werden, das ist logisch. Aber wie sieht es aus, wenn wir uns vorstellen könnten, etwas „mit Sprachen" zu machen?

Mit diesem Ansatz entscheiden sich viele für ein Sprachstudium, aber das reicht nicht aus, und die Abbruchquoten sprechen eine deutliche Sprache.

Aber nehmen wir an, dass uns Indien auf eine unerklärliche Weise interessiert. CD's mit indischer Musik stapeln sich bei uns im Zimmer, wir sind immer häufiger im örtlichen indischen Kulturkreis zu finden und interessieren uns plötzlich für indische Mode.

Dann kommen wir eines Tages auf die gute Idee, unsere Gefühle ernst zu nehmen. Wir bemühen uns um ein Praktikum bei einer Im- und Exportfirma in Neu Delhi, und auch das gefällt uns hervorragend.

Jetzt ist auf einmal aus dem nichtssagenden Klumpen „ich will etwas mit Sprachen machen“, ein vielversprechender Pizzaboden geworden. Wir haben Appetit bekommen, eine Pizza soll es sein. Nun brauchen wir nur noch wählen, welcher Belag uns am besten schmeckt.

Mit unserer Liebe zu Sprachen bieten sich Englisch und Hindi an. Wir müssen noch entscheiden, ob wir ein philologisches Fremdsprachenstudium beginnen oder mehr zum Dolmetschen oder Übersetzen neigen. Auch das Studium zum Kulturwirt oder eine kaufmännische Lehre bieten sich an. Egal wozu wir uns entscheiden, wir haben eine Richtung, und das reicht erst einmal aus.

Ob wir später im Auswärtigen Amt landen, beim Goethe-Institut unterrichten, ein Reisebüro in Rajastan leiten oder bei der Indischen Botschaft in Berlin im Kulturreferat sitzen, ist ebenfalls nicht so wichtig. Die Hauptsache ist, dass wir uns vorstellen können, unsere Neigung zu Sprachen mit Indien zu verbinden. Jetzt werden wir auch die notwendigen Kräfte aufbringen, um die Steine aus dem Weg zu räumen, denn es ist unser Weg, und wir lassen uns von ein paar Steinen nicht davon abhalten, nach Indien zu gehen.

Vielen Studienabbrechern fehlte diese Vorstellungskraft. Sie erzeugten einfach nicht die Bilder im Kopf, dass es toll wäre, wenn sie das Wissen und den Abschluss hätten, der sie näher an ihr Ziel bringt. Sie fanden deswegen auch die Ausbildung nicht der Mühe wert und brachen ab.

Das ist kein Beinbruch, denn manchmal hat man sich bei der Studienwahl eine falsche Vorstellung gemacht. Man war begeistert, aber die Wirklichkeit war dann eine ganz andere. Wenn man diese Erfahrung beim nächsten Mal einbringt, dann wird man auch die für die Beendigung des Projekts notwendige Vorstellungskraft finden.

Dass die Kraft der Vorstellung sich nicht nur auf die Berufs- & Studienwahl beschränkt, sondern uns ein ganzes Leben lang hilft, zeigen die beiden folgenden Beispiele:

Herbert hat Architektur an der Fachhochschule studiert und findet keine Anstellung. Er war glücklich, als er ein Praktikum in einem Architekturbüro fand, obwohl man ihm nur 300 Euro pro Monat bezahlte. Leider war das Arbeitsklima im Büro schlecht, so dass er kündigte. Nur die Vorstellung, eines Tages ein erfolgreicher Architekt zu sein, hält ihn davon ab, alles hinzuschmeißen und Taxifahrer zu werden.

Sonja geht es nicht anders. Sie hat Werbedesign studiert und findet außer schlecht bezahlten Praktika auch keine richtige Anstellung. Dabei hat sie neben ihrem Studium einiges zu bieten. Sie wuchs im spanischsprechenden Südamerika und in Deutschland auf und spricht beide Sprachen perfekt. Ihr Englisch ist auch sehr gut, und neben ihrem Studium hat sie als Stewardess bei der Lufthansa gearbeitet.

Beide sind allerdings in Branchen tätig, die es zurzeit sehr schwer haben. Beide müssen lernen wie man Aufträge erhält und Beziehungen knüpft, wie man Ideen verkauft. Beide müssen lernen, positiv aufzutreten. Beide brauchen die Vorstellungskraft, denn nur, wenn sie sich vorstellen können, eines Tages in ihrem Beruf zu triumphieren, werden sie auch weiterhin die Kraft aufbringen, die Steine aus ihrem Weg zu räumen. Sollte diese Vorstellung erlöschen, dann werden sie auch nicht mehr der Meinung sein, dass es der Mühe wert ist, für dieses Ziel zu kämpfen. Denn es gibt keinen Sieg ohne Vorstellungskraft, schon gar nicht den Sieg über uns selbst.

Aber vielleicht lesen sie morgen schon die Anzeige eines polnischen Fertighausherstellers, der einen Repräsentanten in Deutschland sucht. Dann hätte Herbert eine tolle Aufgabe und Sonja den Großauftrag, die gesamte Werbung für den deutschen Markt zu erstellen.

Der Wille

Neugierde wecken und sich etwas vorzustellen, das kann man gemütlich in der Badewanne tun, der Wille manifestiert sich allerdings in der Aktion. „Ich glaube es erst, wenn ich es sehe“, reflektiert die weit verbreitete Skepsis auf wortgewaltige Pläne; und Goethe wusste: „Es kommt nicht aufs Denken an, es kommt aufs Machen an.“

Der Wille ist die Aktion, er ist der Maurer, der die Pläne des Architekten verwirklicht und sie damit für jedermann sichtbar macht. Ein Architekt wird durch seine Bauten bekannt und nicht durch seine Pläne. Deshalb braucht er den Maurer, also den Willen, damit dieser seine Ideen in Stein verwandelt.

Wenn wir uns also ausgestattet mit Neugierde, Vorstellung und Willen auf den Weg machen, haben wir bereits gewonnen, denn das Glück liegt in der Aktion.

Deshalb sagte Konfuzius vor 2.500 Jahren: „Der Weg ist das Ziel.“

Damit meinte er nicht etwa, dass man sich einfach auf irgendeinen Weg machen kann und damit bereits am Ziel ist, nein, denn das haben wir ja in diesem Kapitel bereits behandelt. Konfuzius meinte, dass man nur dann glücklich ist, wenn man Probleme gelöst hat, und dazu gibt es auf dem Weg genügend Möglichkeiten.

Das Überwinden von Hindernissen ist deshalb nicht nur Mühe, sondern der goldene Schlüssel zu einem glücklichen Leben überhaupt. Denn Glück ist kein Zustand, es liegt in der Aktion. Deshalb ist es auch mit noch so viel Geld nicht möglich, sich einfach ein Zugticket zu kaufen, und damit gemütlich ins Glück zu fahren.

„Ich kenne wenig Reiche, die glücklich sind“, sagte meine welterfahrene Lektorin. Damit hat sie

Recht, denn um glücklich zu sein, müssen wir auf den Zug aufspringen, und zwar nicht nur einmal, sondern unser ganzes Leben lang, denn „kein erreichter Wunsch kann dauernd befriedigen“, (Schopenhauer).

Das heißt jedoch nicht, dass wir ununterbrochen springen müssen, denn ein erfolgreicher Sprung ist ohne Ruhepause und einer guten Vorbereitung nicht möglich. Aber es ist der erfolgreiche Sprung, der das Glück erzeugt. Nur so können wir die nachfolgende Ruhepause in vollen Zügen genießen, genauso wie die heiße Dusche nach einer langen Wanderung.

Deshalb müssen wir uns unsere Neugierde erhalten, uns für etwas interessieren und neue Herausforderungen annehmen, also immer wieder neue Ziele verfolgen. Das ist das Geheimnis eines reichen Lebens.

Zusammenfassung: Ziele sind wie Wanderschuhe, man sollte sich mit der Auswahl Zeit lassen, vergleichen, auf die Details achten und sie am Fuß fühlen. Nur so genießt man die Wanderung und holt sich später beim Laufen keine Blasen.

14. Kapitel

Ich habe mich verliebt

- Die Liebe hat Kraft
- Liebe bringt uns dem Himmel nahe
- Meinungen ändern sich
- Zu zweit hat man mehr Kraft
- Lieben können ist eine Kunst

Ich habe mich verliebt

Natürlich haben wir es kommen sehen und gespannt waren wir auch sehr drauf, aber dass es auf einmal so ganz plötzlich kam, hatten wir dann doch nicht erwartet. Komisch ist es schon, eigentlich etwas verrückt, richtig heftig, nun ja, jetzt sind wir also verliebt.

In den Jahren zwischen 14 und 24 werden wir uns irgendwann einmal verlieben. Das ist etwas ganz Natürliches und eine wunderbare Erfahrung. Unsere Umwelt ist ganz neugierig, will alles wissen, und von allen Seiten bekommen wir auf einmal gute Ratschläge. Aber davon wollen wir hier absehen.

Wir behandeln das Thema, damit wir das Verliebtsein so richtig genießen können, sonst nichts.

Die Liebe stellt unser Leben etwas auf den Kopf. Wie sich die Profis, also die Psychologen verhalten, wenn sich der Patient verliebt, hatte mich immer schon interessiert, und deshalb fragte ich eine Bekannte mit langjähriger Erfahrung in der Psychoanalyse.

„Was soll ich da machen, gar nichts natürlich“, war ihre Antwort. „Was wir teilweise in jahrelangen Gesprächen behandelt haben, ist auf einmal kein Thema mehr. Der Patient hat die rosarote Brille auf und spricht nur noch von seinem Partner und wie wunderbar das Leben ist.“

Es ist also eine Zeit, in der dem Psychologen die Hände gebunden sind. Er hört sich alles brav an, und wartet bis der Anfall vorbei ist. Das will im Grunde natürlich keiner, denn was gibt es Schöneres, als ein ganzes Leben mit der rosaroten Brille herumzulaufen und alles toll zu finden, besonders unser Herzblatt.

Leider sagen die Statistiken, und auch das ist ein wichtiges Instrument der Psychologen, dass fast jede zweite Ehe[1] geschieden wird.

Aber das braucht uns nicht zu interessieren, wir wollen ja gar nicht heiraten. Eines allerdings sagt uns die Statistik, es bleibt nicht immer so wie es begonnen hat. Die Zeiten ändern sich, die Menschen auch.

Darüber forschten auch Hopson und Scally,[2] und sie kamen zu folgendem Ergebnis: In den 20 Jahren zwischen frühem und mittlerem Erwachsenenalter ändern 69% ihre Antworten auf die Frage nach ihrer Selbsteinschätzung, und 92% nennen andere Einstellungen.

Bei so viel Änderung unserer Einstellungen ist es sehr unwahrscheinlich, dass sich die Ansichten in unserer Partnerschaft parallel verändern, wir uns also gemeinsam mit unserem Partner in die gleiche Richtung entwickeln. Aber auch das wissen wir schon

---

[1] 2003: Eheschließungen 383.000 gegenüber 214.000 Scheidungen (Statistisches Bundesamt Deutschland)

[2] B. Hobson, M. Scally: Change and development in adult life. British Journal of Guidance and Counselling, 2/1980, 178

lange, denn jeder kennt das ungeschriebene Gesetz, dass die erste Liebe selten das Abi überlebt.

Ob das wirklich so ist, schauen wir uns einmal etwas näher an.

Die Pizzakönigin

Raquel wollte Tierärztin werden, und das wusste sie schon seit ihrem vierzehnten Lebensjahr. Die Eltern lebten getrennt, und da ihr Vater Amerikaner war, ging Raquel auf das internationale Gymnasium, wo ausschließlich in Englisch unterrichtet wurde. Mit ihrer Mutter kam sie gut aus, und die Schule machte überhaupt keine Probleme. Kein Wunder, dass sie in der Zukunft schwebte, und sich mit 16 Jahren bereits für amerikanische Universitäten und Stipendien zu interessieren begann.

Das war allerdings auch die Zeit, in der ein attraktiver Junge auf sie aufmerksam wurde. Er war an der gleichen Schule, allerdings eine Klasse tiefer, dafür aber finanziell viel höher angesiedelt. Das Kleingeld kam von seinem Vater, der Besitzer eines der schicken italienischen Restaurants der Stadt war. Dadurch lernte Raquel eine ganz neue Welt kennen. Jetzt wurde sie nicht nur mal zum Eis eingeladen wie es bei den zarten Freundschaften der Vergangenheit der Fall gewesen war, sondern zu einem ganzen Menü, und eine schöne Bluse oder italienische Schuhe waren natürlich auch schon mal in der willkommenen Einkaufstasche.

Da war es kein Wunder, dass sie sich wie eine kleine Königin fühlte, was sie auch irgendwie war.

Diese neue Welt wurde noch einmal erheblich turbulenter, als sich Raquel heftigst in den Italiener verliebte. Einen schwarzhaarigen, gestylten, gutaussehenden Mann an ihrer Seite und dauernd in Partystimmung, wer kann dem widerstehen? Das Leben war wunderbar, das Paradies hätte auch nicht schöner sein können, zumal Adam und Eva dort noch nackt herumlaufen mussten und keine coole Markenkleidung tragen konnten.

Da aber der Tag nur vierundzwanzig Stunden hat, wurde die Zeit für die Schule knapp. War ja auch unwichtig. Sie hatte immer brilliert, war die Klassenbeste, und nun erfuhr sie zu ihrem Vergnügen, dass man auch im Mittelfeld noch sehr gut leben kann.

Natürlich hatte sie jetzt keine Zeit mehr, die Campusnachrichten aus den USA zu lesen, oder sich um Stipendien zu kümmern, aber was soll's, das hat ja noch einige Jahre Zeit. Jedoch „time flies when you're having fun“, und bevor sich Raquel richtig umsah, kamen schon die Abi-Prüfungen.

Sie schaffte ihr Abi zur gleichen Zeit, als ihr Freund die Schule schmiss. Er begann in Mannheim eine Lehre, und sie zog mit ihm. Da ihr bereits der süße Geruch des Geldes in der Nase steckte, schrieb sie sich an der dortigen Uni für Betriebswirtschaft ein. Das ging am Anfang auch sehr gut, aber bald merkte Raquel, dass sie sich mit dem unübersichtlichen Unibetrieb sehr schwer tat. Sie wollte mit ihrem Freund zusammen sein und musste sich auf einmal in der akademischen Freiheit zurecht finden. Das lag ihr nicht. Als sie dann noch merkte, dass sich ihr Freund nicht nur für seine Lehre, sondern auch noch für andere Mädchen interessierte, war das Maß voll.

Auf einmal konnte Raquel ihre rosarote Brille nicht mehr finden, und begann ernsthaft über ihr Leben nachzudenken. Bei ihrem Freund wollte sie nicht mehr bleiben und an der Uni auch nicht. Für Veterinärmedizin in Amerika war irgendwie der Zug abgefahren, es waren zu viele Dinge passiert. Betriebswirtschaft war auch nicht das Wahre, aber damit hat man viele Möglichkeiten. Nach einigem Überlegen schrieb sie sich in einer Fachhochschule in einen BWL Bachelor Kurs ein. Dort gibt es noch Klassenverbände, und das Studium ist übersichtlich. Jetzt ist sie im sechsten Semester und wird wohl noch ein Semester bis zum Abschluss brauchen.

Die Liebe hatte also in den Lebensweg von Raquel eingegriffen. War es zu ihrem Vorteil? Hätte sie lieber das machen sollen wofür sie sich wirklich interessierte? Würde sie sich noch einmal so entscheiden?

Sie weiß es nicht, wir auch nicht. Wir wissen aber, dass die Liebe eine ungeheure Kraft hat. Schopenhauer[3] nennt das Verhältnis zwischen Mann und Frau

---

[3] Schopenhauer „Wege zum Glück“, S.107

sogar den Mittelpunkt in allem Tun und Treiben der Menschen, die Ursache des Krieges und den Zweck des Friedens, die Grundlage des täglichen Dichtens und Denkens der Jungen und Alten, und dabei geht Schopenhauer sogar so weit, die Beziehung zwischen Mann und Frau als den eigentlichen Herrn der Welt zu bezeichnen.

Gemeinsam oder gar nicht

Sie war Briefträgerin, er Werkzeugmacher. Mit sechzehn hatten sie sich verliebt, mit achtzehn waren sie verheiratet. Das war ein Riesenschritt. Jetzt konnten sie das Elternhaus verlassen und sich endlich ihre eigene Zukunft aufbauen. Ihre Ziele hatten sie bereits vorher überlegt, und mit der Verwirklichung begannen sie direkt nach dem Flitterwochenende.

Er holte die Fachhochschulreife nach, machte sein Ingenieurstudium und ging danach für die wissenschaftliche Ausbildung zur Universität. Dort traf ich ihn und profitierte bei den Prüfungsvorbereitungen von seiner Fähigkeit, Physik und Mathematik mit einer Leichtigkeit zu erklären, dass ich ihn schon als Professor auf einem der begehrten Lehrstühle sah.

Aber er promovierte nicht einmal, was mich sehr wunderte. Allerdings kannte ich seinerzeit die Hintergründe nicht. Nach dem Abschluss Diplomingenieur löste er sein Versprechen ein und half jetzt seiner Frau mit ihrer Ausbildung, denn sie hatte ihrerseits ihr Versprechen eingehalten und ihn von allen finanziellen Problemen befreit, damit er sich völlig auf sein Studium konzentrieren konnte.

Sie machte ihr Abitur nach, studierte Medizin, promovierte und wurde Chirurgin.

So hat sie die Liebe bis hin zu ihren Träumen getragen. Beide konnten sich endlich so entfalten wie sie es allein und in ihrem sozialen Umfeld niemals geschafft hätten. Natürlich war der Weg lang, aber „wenn der Wille vorhanden ist, dann werden die Füße leicht", sagen die Engländer, und deshalb haben beide auch ihre Ziele erreicht.

Dass man sich nach so vielen Studienjahren verändert, war leider auch eine Lektion, die beide lernen mussten. Unterschiedliche Einflüsse schafften unterschiedliche Ansichten. Beide waren während ihrer Ausbildung in völlig verschiedene Kreise gekommen und hatten sich natürlich auch ganz individuell entwickelt. Dabei hatte sich bei jedem eine neue Lebenseinstellung aufgebaut, die immer weniger mit den Interessen des Partners vereinbar war. Sie hatten sich, wie man so schön sagt, auseinander gelebt.

Da sie sich nicht gegenseitig im Weg stehen wollten, haben sie sich scheiden lassen. Jeder hat einen neuen Partner gefunden, jeder kann sich sein Leben nach seinen Wünschen einrichten. Das können sie aber nur, weil die Liebe ihnen den Weg geebnet hat.

Das ist eine wunderbare Geschichte, aber sie kommt häufiger vor als man denkt. Gerade vor einer Woche habe ich mit einer Mutter gesprochen, die sehr froh war, dass ihr Sohn wieder mit seiner Freundin zusammen ist. Beide sind am Gymnasium, aber er hätte vielleicht alles hingeschmissen, wenn seine Freundin nicht so zielstrebig wäre und ihn förmlich mitziehen würde. Sie macht es aus Liebe, er macht es ihr zuliebe, beide profitieren.

Wie klein und hilflos stehen wir also vor der großen Liebe, wenn sie uns verführerisch ins Auge schaut und uns den Himmel verspricht. Wir werden ihr vertrauen, natürlich, aber wir sollten auch uns und unsere Träume nicht vergessen.

Vielleicht schauen wir wieder einmal auf unsere Wunschliste von Kapitel fünf. Damals waren wir authentisch, damals hatten wir in unseren Bauch hinein gehört, damals hatten wir uns ernst genommen. Jetzt sind wir froh, dass wir unsere Wünsche aufgeschrieben haben. Jetzt, wo der Sturm der Liebe uns von allen Ankern reißt, bleibt das Geschriebene wie Leuchttürme zurück und zeigt uns unsere Richtung, egal ob unser Traumschiff der Liebe gerade vor einer Südseeinsel liegt oder bei Orkan auf Grund zu laufen droht.

Zusammenfassung: Auch wenn die Liebe blind macht, gibt sie uns doch eine neue Kraft, und die sollten wir nutzen.

15. Kapitel

Unter vier Augen

- Es geht auch ohne Beruf
- Flexible Bürger schaffen eine dynamische Gesellschaft
- Viele Wege führen ans Ziel
- Ausbildung ist Dauerauftrag
- Ohne Pausen keine Leistung
- Alles beginnt bei uns

Unter vier Augen

Eigentlich schade, aber unsere Reise geht langsam zu Ende. Wir haben viel gesehen, viel erfahren, haben Rechtsanwälten und Tellerwäschern über die Schulter geschaut und uns Rat bei Sokrates, Einstein, Onassis geholt. Jetzt trennen sich unsere Wege. Und genau so soll es auch sein.

Da wir uns aber etwas angefreundet haben, werden wir uns nicht mit einem kurzen Händedruck trennen, sondern uns noch einen Moment gemütlich zusammensetzen. Vielleicht da drüben, dort auf der Terrasse des Kapitänsklubs, dort sind wir ungestört und können die Schiffe beobachten. Die ankommenden haben ihr Ziel erreicht, und die anderen machen sich auf ihren Weg. Alle kennen ihren Kurs, alle wollen ankommen, genau wie wir auch.

Lass uns einige Themen streifen, die zwar alle mit der Studien- & Berufswahl zu tun haben, die sich aber nicht so leicht eingrenzen lassen.

Warum beginnen wir nicht mit der Frage, ob wir überhaupt einen Beruf brauchen? Schopenhauer sagte doch auch: „Natürlicher Verstand kann fast jeden Grad von Bildung ersetzen, aber keine Bildung den natürlichen Verstand.“ Und da wir über einen natürlichen Verstand verfügen, sind wir doch bereits jetzt bestens für die Zukunft gerüstet, oder?

Brauche ich einen Beruf?

Nein, es geht auch ohne. Wenn du eine solide Halbbildung hast, also
über einen natürlichen Verstand verfügst,
eine Fremdsprache sprichst,
ein Instrument spielst und
ein Gesellschaftsspiel beherrschst,
dann kommst du heute noch genauso elegant durchs Leben wie vor 2.000 Jahren.

Die Fremdsprache ermöglicht dir Zugang zu einer anderen Welt. Du sitzt nicht nur mit deinesgleichen

im Zuschauerraum, sondern hast auch einen Back-Stage-Pass, da du bei den Artisten ebenfalls zu Hause bist. Den einen besorgst du Autogramme von ihren Stars und die anderen informierst du darüber, welche wichtigen Personen im Publikum sitzen.

Man braucht dich und wird deine Dienste in Anspruch nehmen.

Amparo ist eine Fotografin in Paris. Für die Fotos ihrer neuen Ausstellung suchte sie ein ganz bestimmtes Papier, welches sie bei einer Spezialfirma in Deutschland fand. Die waren von Amparos Sprachkenntnissen und ihrem Interesse an Papier so angetan, dass sie ihr gleich die Repräsentanz für Frankreich und Spanien anboten. Natürlich lehnte sie ab, denn ihre Ausstellungen waren ihr wichtiger als der Papierverkauf, aber wenn du Sprachkenntnisse hast und dich für Kunst und Papier interessierst, würdest du hier bereits halb geöffnete Türen vorfinden, selbst dann wenn du kein Fotograf bist.

Musik öffnet Herzen und wer ein Instrument spielen kann, hat dafür den Schlüssel in der Hand. Du wirst deshalb überall ein gern gesehener Gast sein, denn deine Kunst macht aus jedem Beisammensein ein Erlebnis. „Wo die Worte aufhören, beginnt die Musik", sagte E.T.A. Hoffmann und trifft damit ins Schwarze, denn die Musik ist die Sprache, die alle Menschen sprechen, egal aus welchem Kulturkreis sie kommen.

Gesellschaftsspiele gibt es unendlich viele. Wer Tennis, Golf, Schach oder Backgammon spielen kann, findet schnell Anschluss. Das Gleiche gilt für Reiten, Segeln, Tontaubenschießen und vieles andere mehr. Wir Menschen lieben unsere Hobbys, und sie sind der ideale Anlass, um Verbindungen zu knüpfen. Während meiner zwei Jahre in Asien hat mir Bridge unendlich viel geholfen. In China und besonders in Japan konnte ich damit innerhalb kürzester Zeit Kontakte herstellen, für die internationale Firmen, Botschaften oder Verbände Jahre brauchen.

Man kommt also auch ohne Beruf sehr gut durchs Leben, etwas Allgemeinbildung und einige kleine Türöffner machen es möglich. Dennoch, viel geschickter geht es natürlich mit einer abgeschlossenen Ausbildung.

Mein Freund Lukas ist einer dieser Supertypen, die alles wissen und den Computer mit der Muttermilch aufgenommen haben. Das Abi war kein Problem und die Uni von der ersten Vorlesung an langweilig. Also hörte er auf und gründete seine eigene Computerfirma. Natürlich hatte er Erfolg, denn er konnte für die Firmen gut und preiswert Probleme lösen.

Dann wurde ihm eine größere Firma von einem Kollegen angeboten, der gerade einmal 30 Jahre alt war.

„Warum willst du aufhören?“, wollte Lukas wissen.

Die Erklärung war einfach. Der Kollege hatte genauso wie Lukas direkt nach der Schule seine Firma gegründet. Als sein Geschäft immer besser lief, bekam er gute Aufträge von renommierten Firmen. Dort hatten seine Gesprächspartner allerdings meistens einen Hochschulabschluss.

„Denen musste ich immer beweisen, dass ich auch ohne jeglichen Abschluss ein Fachmann bin, und das kostet einfach zu viel Kraft.“

Deswegen verkaufte er seinen Laden und ging auf eine Hochschule, um sein Diplom nachzumachen.

Lukas hörte aufmerksam zu. Das wäre natürlich eine gute Gelegenheit gewesen, groß einzusteigen, aber wollte er das eigentlich? Er hatte ja bereits bewiesen, dass er Probleme lösen kann, und jetzt auf einmal die Verantwortung für mehrere Angestellte zu übernehmen, war das sein Ding?

Lukas wäre nicht Lukas, wenn er nicht dynamisch denken könnte. Er sah nach diesem Gespräch sein eigenes Leben sehr klar vor sich und fand es auf einmal gar nicht mehr so lustig. Monate später saß er wieder in der Vorlesung, aber dieses Mal mit der Gewissheit, dass ihm sowieso die Zukunft gehört und er sich deshalb einige Jahre Studentenleben ruhig leisten sollte.

Eine abgeschlossene Ausbildung hat noch weitere Vorteile: Du kannst auswandern.

Innerhalb der Europäischen Gemeinschaft hast du Niederlassungsrecht und kannst leben und arbeiten wo du willst, aber für Amerika, Kanada, Australien und überall sonst musst du dich den Einwanderungsbehörden stellen. Die haben Listen mit Berufen, die sie dringend brauchen, und ohne Beruf hat man dort keine Chance. Man könnte vielleicht über einen Bürgen immer noch einwandern, aber so richtig willkommen ist man nicht.

Einen Beruf zu haben, ist auch eine persönliche Genugtuung. Du bist Fachmann, gehörst einer „Gilde“ an und musst dich beim Arbeitsamt nicht bei den Hilfsarbeitern anstellen. Eine Ausbildung ist einfach die Überholspur im Leben. Als ich seinerzeit Heizungsmonteur wurde, war das ein Riesenschritt vorwärts. Damit hatte ich geregelte Einnahmen und hätte mit Leichtigkeit eine Familie ernähren können.

Wenige Jahre später war ich Ingenieur und hatte meine Möglichkeiten noch einmal wesentlich erweitert. Die Überholspur Schule hatte es möglich gemacht.

All das geht heute noch genauso. In drei Jahren hat man ausgelernt oder man ist Ingenieur, egal ob man diesen Titel von der Berufsakademie oder einer Fachhochschule erhalten hat.

Eine Bildung ersetzt zwar nicht den natürlichen Verstand, aber sie öffnet erst einmal Türen, die sonst verschlossen bleiben würden. Einmal drinnen, hilft uns dann unser natürlicher Verstand weiter.

Flexibel bleiben

Mechthilde ging ihren geraden Weg: Medizinstudium, Staatsexamen, Approbation, Facharztausbildung, Promotion, Oberärztin und dann die eigene Praxis.

Josef wollte den gleichen Weg gehen, scheiterte aber bereits am Numerus Clausus. Er begann deshalb sein Studium an der Sporthochschule. Das schien ihm seinerzeit ein gangbarer Weg, da er sich sowieso für Sportmedizin interessierte und die Möglichkeit sah, innerhalb der Uni zu Medizin zu wechseln. Ging aber nicht. Das Studium war auch nicht das Richtige, hatte es doch mehr mit Sport als mit Medizin zu tun. Josef brach ab und begann mit einer Ausbildung zum Physiotherapeuten. Damit war er zwar kein Mediziner, aber durch eine Spezialisierung während seiner Ausbildung könnte er auch Sportler behandeln, und war damit genau dort gelandet, wo er immer hin wollte.

Heute haben beide ihre Praxen keine fünfzig Meter voneinander entfernt. Mechthilde hat sich auf Orthopädie, Rheumatologie und Sportmedizin spezialisiert, und Josef behandelt zwischenzeitlich alles. Der Sport liegt ihm allerdings immer noch sehr am Herzen, und einer seiner Kunden lässt ihn einmal im Jahr zu sich nach Thailand kommen, um sich von Josef seinen Golfschwung so korrigieren zu lassen, dass er auch mit einer starken Wirbelsäulenverletzung noch seinem geliebten Sport nachgehen kann.

Ich bin mit beiden befreundet. Hätte ich allerdings einen Sportunfall, würde es mir schwer fallen auszuwählen, wen von beiden ich zuerst um Hilfe bitten würde.

Flexibel bleiben bezieht sich aber nicht nur auf die Möglichkeiten innerhalb einer Fachrichtung. Wir sind für viel mehr Berufe geeignet, als wir uns vorstellen können. Manchmal öffnet uns ein Praktikum die Augen, und manchmal ist es auch der pure Zufall.

Kersten wusste nicht so recht was sie studieren sollte, und da wurde es eben Betriebswirtschaft. Die große Liebe war es nicht, aber das eine Jahr mit dem

Erasmus[1] Programm in Spanien gefiel ihr schon ganz gut. Um ihre Diplomarbeit kümmerte sie sich viel zu spät, und als sie es endlich tat, war nur noch ein Thema über Marketing übrig. Damit wollte sie ja nun gerade nichts zu tun haben. Zahlen und Statistiken waren ihr einfach ein Gräuel, aber was soll's, sie wollte fertig werden und nahm die Diplomarbeit an. Kaum hatte sie damit begonnen, bekam sie einen Anruf von ihrer Freundin aus München, die für sie einen Job im Marketing bei einem großen Rundfunksender hatte. Dort ist sie dann auch gelandet. Heute beschäftigt sie sich professionell mit Zahlen und Statistiken, und die machen auf einmal Sinn für sie, - ja -, sie kann es selbst kaum glauben, eigentlich auch richtig Spaß.

Verschlungene Wege

Du solltest das Studium oder den Beruf wählen, der dir Spaß macht. Wo du später landest bestimmst du selbst. Natürlich werden sich nicht alle unsere Wünsche erfüllen, ja viele denken sogar, dass sowieso alles vom Schicksal abhängt, egal was wir tun. Aber das ist nicht meine Meinung. Ich halte es mit Schopenhauer: „Was die Leute gemeiniglich das Schicksal nennen, sind meistens nur ihre eigenen dummen Streiche."

Was damit gemeint ist, zeigt die folgende Geschichte:

[1] Austauschprogramm für Studenten

Ich wurde vor einigen Jahren zu einem Vortrag über Investitionen eingeladen. Es ging also ums Geld. Es sprach ein Bankdirektor einer irischen Bank, und zu meinem Vergnügen ging es gar nicht um die Frage wie man Geld anlegt, sondern wie man es am besten ausgibt. Der Direktor zitierte Seneca: „Bei den Weisen ist der Reichtum ein Diener, bei den Toren spielt er den Herrn“, und er konnte köstlich über die bedauernswerten Reichen Witze reißen, bei denen das Geld der wirkliche Herr im Hause ist.

Natürlich stellte er auch die Produkte seiner Bank vor und konnte die verschiedenen technischen Fragen aus dem Publikum beantworten. Aber das machte er mit solch einer Gleichgültigkeit, dass es mir schwer fiel zu verstehen, wie eine Bank so einen Mann auf Kundenfang schicken konnte.

Nach dem Vortrag kamen wir ins Gespräch. Dabei kam heraus, dass er das halbe Jahr durch die Welt reist und Vorträge vor englischsprechendem Publikum hält. Diese soll er ermutigen, ihr Geld bei seiner Bank anzulegen.

„Aber so ein richtiger Verkäufer sind Sie nicht“, lenkte ich das Gespräch noch einmal auf den Vortrag.

„Nein, das interessiert mich auch nicht, es geht mir um die Philosophie des Geldes, das macht mir Spaß, darüber rede ich gern.“

Das konnte er auch, denn seine Ausbildung hatte mit Investitionen überhaupt nichts zu tun, er hatte Philosophie in Dublin studiert. Dennoch wurde er einer der wichtigsten Geldeintreiber für seine Bank.

Wenn du also gedacht hast, dass man nur mit einem Wirtschaftsstudium und einer Diplomarbeit über das Bankwesen ein Bankdirektor wird, dann hast du dich genauso geirrt wie ich. Die Ausbildung ist eine Sache, was man damit macht ist unsere Entscheidung.

Kurze oder lange Ausbildung?

Die Firmen suchen seit ewigen Zeiten möglichst jungen Nachwuchs, aber mit langjähriger Berufserfahrung. Das ist verständlich, denn je mehr Arbeitsjahre ein Mitarbeiter vor sich hat, desto länger kann er für die Firma tätig sein, und desto mehr profitiert man von den Fortbildungskosten, die man in diesen Mitarbeiter investiert hat. Die Rechnung geht für die Firmen immer mehr auf. Der Grund dafür sind die kurzen Studiengänge. Physik, Chemie, Theologie, Philosophie und vieles mehr kannst du heute mit einem Bakkalauret Studium bereits nach drei Jahren beenden.

Solltest du dich so hetzen lassen?

Das ist nicht einfach zu beantworten, auf alle Fälle solltest du auf deinen Bauch hören und dich nicht von außen beeinflussen lassen.

Eines solltest du immer bedenken, es geht um dich und nicht um die Wünsche der Firmen. Lass dich da nicht verrückt machen. Wenn du authentisch bist und Fachkenntnisse hast, dann will dich jeder haben, ganz egal wie alt du bist. Und wer weiß, vielleicht machst du dich nach einer gründlichen Ausbildung sowieso gleich selbständig und profitierst selbst von deinen umfassenden Kenntnissen.

Bildung ist wie Farbtöpfe, je mehr du davon hast, desto bunter kannst du dein Leben malen. Solltest du eine dreijährige Ausbildung oder ein dreijähriges Studium wählen, dann ist es eine gute Entscheidung, solange du für weitere Fortbildungsmöglichkeiten offen bleibst.

Wenn du zum Beispiel Metallbauerin in der Fachrichtung Metallgestaltung lernst, kannst du danach ein Jahr als Kunstschmiedin in Granada arbeiten und dann immer noch auf eine Kunstschule nach Venedig gehen oder einen Wirtschaftskurs auf einem Community College in Texas machen. Solltest du Soziologie an einer Fachhochschule studieren, steht dir danach auch die Welt offen, sogar ein Bachelor-Studium der Juristerei ist denkbar.

Alles ist möglich, du entscheidest. Schau nicht aufs Geld, genieße das freie Studentenleben, nutze die Zeit und lass dich nicht drängen: „Wenn Du mit der Hurerei und der Sauferei nicht aufhörst, schicke ich Dir kein Studiengeld mehr!“, schrieb Vater Hahn seinem Sohn Otto an der Uni Marburg. Aber der ließ sich nicht beirren, machte was er für richtig fand und wurde später Nobelpreisträger.

Soft Skills

Es wird so viel über Soft Skills gesprochen, was ist das eigentlich wirklich?

Es ist nichts anderes, als die Fähigkeit lächeln zu können. Lächeln ist der direkteste Weg ins Herz deines Nächsten. Wenn du dort erst einmal drin bist, kannst du über alles reden.

Die Firmen sprechen zwar immer von kommunikativ und teamfähig, aber das sind nur große Worte. Der goldene Schlüssel ist das Lächeln. Wer nicht lächeln kann, ist weder kommunikativ noch teamfähig.

Natürlich musst du als guter Kommunikator auch sprechen und zuhören können. Das fällt leider vielen schwer, obwohl es nichts kostet und man dabei nur gewinnen kann.

Aber gerade die Akademiker beklagen sich über ihre mangelnde Kompetenz in der Kommunikation. Zwei Drittel wünschen sich, dass die Hochschulen in diesem Bereich viel mehr ausbilden[2].

Dabei ist das Kommunizieren das Natürlichste von der Welt, denn mit seinen Freunden spricht man doch auch stundenlang. Aber wenn man auf einmal einen Fremden ansprechen soll, kommt kein Wort heraus.

Viele trauen sich nicht einmal, nach einer Richtung zu fragen, wenn sie in einer fremden Stadt sind. Da wird der Stadtplan so lange gedreht bis einem

[2] HIS Projektbericht Okt. 2004, S.143

schwindlig wird, anstatt einfach einen Einheimischen zu fragen. Köstlich ist es auch im Urlaub. Dort werden keine Familienfotos aufgenommen, weil ja immer einer fotografieren muss. Dabei könnte man einen vorbeigehenden Passanten um Hilfe bitten und ihm eine Freude machen, dass er nützlich sein kann. Vielleicht ergibt ein Wort das andere, und man erfährt ganz nebenbei, wo ein nettes Restaurant ist oder was man sich sonst noch anschauen sollte.

Diese kleinen Selbstverständlichkeiten verbergen sich hinter dem Begriff „kommunikationsfähig."

Die Römer hatten Recht als sie sagten: „Sprache ist Macht. Wer reden kann, hat direkten Zugang zum Gehirn des anderen." Wenn du dich dann noch daran erinnerst, dass ein guter Redner auch ein guter Zuhörer ist, dann bist du ein Soft-Skill-Meister.

Den Meisterbrief händige ich dir allerdings erst dann aus, wenn du noch an die Höflichkeit denkst, denn Höflichkeit ist Klugheit, nur der Tölpel macht sich unnötig Feinde. Grüße also auch einmal Leute, mit denen du eigentlich nichts zu tun hast und halte ein kleines Schwätzchen beim Fleischer, mit dem Busfahrer oder der Putzfrau. Geh auch wieder mal in deine Bank und frage deinen Sachbearbeiter, wie es denn so geht, anstatt nur Geld aus dem Automaten zu ziehen, und alle Überweisungen per Internet-Banking zu erledigen.

Ein kleines Wort, eine Frage und eine freundliche Geste, das sind die Tröpfchen Öl im täglichen Umgang mit unseren Mitmenschen, die unnötige Reibereien vermeiden und die man heute Soft Skills nennt.

Selbstvertrauen

Als ich vierzehn Jahre alt war, ließ ich in meinen Vereinsausweis Carl mit „K“ schreiben, obwohl ich mit „C“ geschrieben werde. „Karl“ ist normal, „Carl“ passte nicht rein. Mir fehlte einfach das Selbstvertrauen, meine Persönlichkeit war noch in der Entwicklung, ich wollte nicht auffallen, wollte so sein wie die anderen.

Diese Phase müssen wir alle durchmachen, denn Reife braucht Zeit, und die solltest du dir nehmen.

Aber Zeit allein macht es auch nicht, du musst irgendwann einmal die Kraft aufbringen, dir selbst dein eigenes Urteil zu fällen, und es gegen die Meinungen anderer zu verteidigen. Wenn du dich nur unterordnest und mitschwimmst, bestätigst du die Beobachtung von Einstein: „Um ein tadelloses Mitglied einer Schafherde sein zu können, muss man vor allem ein Schaf sein.“

Leider haben wir etwas von einem Herdeninstinkt in uns. Wir neigen nicht nur zur Nachahmung, sondern uns sind auch die Meinungen unserer Mitmenschen wichtig. Wir wollen, dass sie uns mögen, und gut finden was wir tun. Das sind menschliche Eigenschaften, und daran ist nichts auszusetzen, solange wir uns nicht nach der Meinung anderer verkrümmen. Nur mit Selbstvertrauen werden wir uns „selbst vertrauen“ und sind keine Marionetten an den Stricken anderer Marionetten.

Es verhält sich hier ähnlich wie bei den Gravitationsgesetzen von Newton: Die Masse zieht an, das ist wahr, aber wir bestimmen mit unserem Selbstvertrauen den Abstand zur Masse, das heißt wir und sonst niemand, wählen unsere eigene Umlaufbahn.

Um wie viel ärmer wäre die Menschheit, wenn sich jeder immer alles zu Herzen nähme, was so über ihn gesagt wurde:

- „Du hast kein Talent für die Musik“, sagte der Lehrer zum späteren Erfolgskomponisten Robert Schuhmann.
- Tschaikowskijs „Schwanensee“ wurde bei der Premiere zerrissen. Jetzt ist es das bekannteste Ballettstück der Welt, und jede zehnte Aufführung in Russland ist „Schwanensee.“
- „Der Junge leistet nichts Vernünftiges und redet nur Unsinn“, urteilte der Schulrektor über Charles Darwin.
- Ein Musikagent wollte sich mit den Beatles nicht abgeben, weil „Gitarrenmusik nicht mehr gefragt ist!“
- Alexander der Große ließ sich auch nicht aufhalten und löste den Gordischen Knoten auf seine Weise.

Wollen wir unser Leben nach unseren Wünschen gestalten, dann müssen wir auch zu uns stehen, egal was die Umwelt denkt. Herbert Swope hat es wunderbar formuliert: „Eine Erfolgsformel kann ich dir nicht geben, aber ich kann dir sagen, was zum Misserfolg führt: Der Versuch, jedem gerecht zu werden."

Muss ich mich anstrengen?

Manchmal schon, aber eigentlich nicht richtig, denn wenn du dir deiner Richtung sicher bist, reichen die sich dadurch entwickelnden Kräfte aus, dich ans Ziel zu tragen. Du wirst dich also aus eigenem Interesse um Kenntnisse und Fertigkeiten bemühen und damit ganz automatisch alle Hürden nehmen.

Im Frühjahr 2003 wurde in London Beethovens Neunte für 2,1 Millionen Pfund versteigert. Das Werk bestand aus 575 Seiten, und Beethoven hatte sieben Jahre daran gearbeitet, obwohl er damals bereits seit Jahren völlig taub war. Musste sich Beethoven anstrengen? Natürlich, viel mehr als Mozart, dem alles sehr viel leichter fiel. Aber Beethoven konnte einfach nicht anders, die Kraft kam von innen, und da er seine Richtung gefunden hatte, konnte sein Genie und seine Hingabe zur Musik das wahrscheinlich schönste Musikstück der Welt schreiben.

Wir sind natürlich keine Beethovens, aber wenn du ebenfalls deine Richtung gefunden hast und dich für etwas begeistern kannst, wird sich in dir ebenfalls diese Kraft freisetzen. Du brauchst dir also um das Erreichen deines Ziels keine Gedanken mehr zu machen.

Natürlich sind wir nicht immer gut drauf und lassen manchmal die Dinge schleifen. Das ist ganz normal und auch nicht schlimm. Wichtig ist, dass wir unser Ziel nicht aus den Augen verlieren und uns einen kleinen Plan machen, damit wir mit kleinen Schritten an unser großes Ziel kommen. Wir schreiben einfach auf, was wir am Ende der Woche, des Monats, des Semesters usw. alles erreicht haben wollen. Das ist genauso hilfreich wie die kleinen Wegweiser an den Bäumen im Wald, die uns an unsere Richtung erinnern, damit wir uns auf unserer Wanderung nicht verlaufen.

Pausen

Die Pausen sind sehr wichtig, leider tue ich mich damit schwer. Ich beiße mich einfach fest und kenne dann weder Zeit noch Entspannung. Das ist nicht gut. Aber ich kenne mich und steuere dagegen. Ich zwinge mich einfach zu Pausen. Dabei hilft mir der Sport erheblich. Ich versuche, jeden Tag etwas für meinen Körper zu tun, und jeden zweiten Tag mache ich eine kleine Radtour.

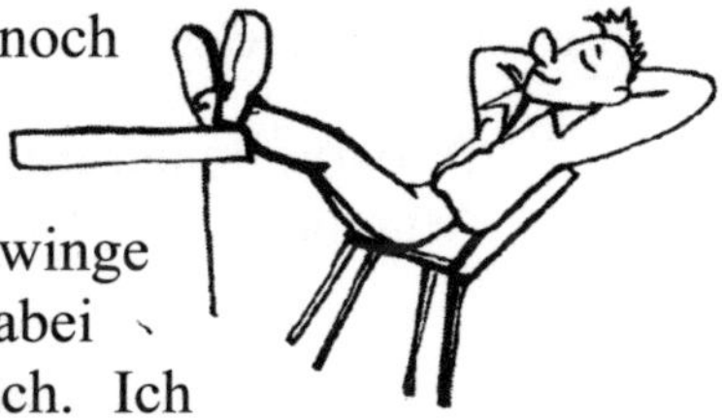

Es geht mir einfach um das Dreieck aus Kopf, Körper und Herz. Wenn die im Gleichklang sind, dann haben wir unsere stabile Lage erreicht. Daran solltest du dich erinnern, auch wenn es viel leichter gesagt ist als getan.

Die Pausen brauchst du aber nicht ungedingt mit Sport auszufüllen, Hauptsache du beschäftigst dich mal mit etwas anderem, aktivierst andere Schwingungen in deinem Körper. Das kann zum Beispiel

Singen im Chor sein, Behinderten helfen oder das Lesen von Lebensläufen, was ich dir sehr empfehle. Du bekommst dadurch Einblicke in andere Leben, und das wird dir helfen, dein eigenes besser zu verstehen. Hier gebe ich allerdings auch nur einen Rat weiter, der mir sehr geholfen hat mich zu entspannen, und dabei in Lebensumstände und Epochen einzutauchen, zu denen ich sonst keinen Zugang gehabt hätte.

Zu guter letzt

Die Zeit ist gekommen, wir müssen uns trennen. Ich will deshalb gar nicht lange nach Worten suchen, sondern einfach Goethe zitieren, denn der spricht mir hier aus der Seele:

„Wovon immer du träumst - fang damit an.
Mut hat Genie, Kraft und Zauber in sich."

Berufswahltest

Würde es einen Test geben, der uns als Ergebnis mitteilt welcher Beruf zu uns passt, dann bräuchten wir keine Berufsberater mehr, könnten alle BIZ schließen und keiner würde mehr sein Studium oder seine Lehre abbrechen.

Solche Tests gibt es nicht! Dennoch ist es ein sinnvoller Zeitvertreib, sich mit Berufswahltests zu beschäftigen. Sie führen uns an Fragen heran, an die wir vielleicht noch nicht gedacht haben und schlagen uns Berufe vor, von denen wir eventuell noch gar nichts gehört haben.

Ob diese Informationen für uns wirklich wichtig sind, muss jeder für sich selbst entscheiden. Wenn wir aber die Ergebnisse eines Berufswahltests mit der notwendigen Skepsis betrachten, dann kann er für uns nur hilfreich sein.

Aus den vielen Tests habe ich einen herausgesucht, der mir sehr gut gefällt[1]. Er stellt Fragen aus unterschiedlichen Gebieten und gibt nicht nur Antworten auf Bereiche für die man geeignet ist, sondern auch auf Bereiche von denen man die Hände lassen sollte.

Aber Vorsicht! Das ist nur ein Test, den dürfen wir nicht allzu ernst nehmen. Er soll nur zum Denken anregen, sonst gar nichts.

---

[1] Berufswahl als individueller Weg, Interessen und Fähigkeiten. Ausgearbeitet vom Landesarbeitsamt Rheinland-Pfalz / Saarland und den Ministerien für Bildung dieser beiden Bundesländer.

Ich habe den Test in Abständen von einigen Monaten mehrere Male gemacht. Zu meiner Überraschung ist ungefähr immer das gleiche Ergebnis herausgekommen, obwohl ich beim Ausfüllen in verschiedenen Stimmungslagen war. Die Ergebnisse selbst waren etwas unklar und trafen auf den ersten Blick eigentlich nicht auf mich zu. Aber nach einigem Nachdenken fand ich dann doch zumindest die Richtung, die zu einem für mich passenden Beruf führte.

Solltest du zu einem anderen Ergebnis kommen, dann ist das auch nicht schlimm. Wichtig ist nur, dass wir uns mit unserer Zukunft beschäftigen.

Benutzungsanleitung:

Der Test sollte nicht länger als 45 Minuten dauern, aber jeder kann sich seine Zeit so einteilen wie er will. Am besten man kopiert die Seiten aus dem Buch, dann kann man den Test mehrere Male machen.

Der Test besteht aus 8 Teilgebieten, die von „Dinge und Daten" bis „Kultur, Medien und Literatur" reichen. In jedem Gebiet werden Fragen gestellt, die man mit „Interessiert mich", „Ist mir egal" und „Möchte ich vermeiden" beantworten kann. Nach jedem Teilgebiet zählt man die Summe der „Interessiert mich" - Antworten zusammen und zieht davon die Summe der „Möchte ich vermeiden" - Antworten ab. Das Ergebnis kann also positiv oder negativ sein. Die Antworten „Ist mir egal" sind neutral und gehen nicht in die Rechnung ein.

Am Ende des Tests haben wir also 8 positive oder negative Zahlen. Die übertragen wir zur besseren Übersicht in eine Tabelle.

Danach zählen wir nach dem angegeben Muster jeweils zwei Zahlen zusammen.

Die höchste positive Zahl zeigt uns die Berufsgebiete an, die zu uns passen. Die höchste negative Zahl zeigt uns die Bereiche an, von denen wir die Finger lassen sollen.

Wenn wir dann die drei höchsten positiven Zahlen mit einem grünen Stift und die negativsten Zahlen mit einem roten Stift markieren, dann haben wir einen besseren Überblick.

Es kann natürlich sein, dass sich gleichhohe positive oder negative Zahlen in verschiedenen Berufsgebieten ergeben. Das macht gar nichts, dann haben wir einfach eine größere Auswahl von Berufen, die zu uns passen oder von denen, die für uns nicht so richtig geeignet sind.

Viel Spaß beim Ausfüllen, aber bitte die Resultate nicht allzu ernst nehmen.

① Dinge und Daten

	Interessiert mich	Ist mir egal	Möchte ich vermeiden
Plus oder Minus eintragen	+		-
die Statik eines Hauses Berechnen			
Werkzeuge gebrauchen			
Produktionsdaten zusammenstellen und berechnen			
Steuerfreibeträge ermitteln			
handwerklich tätig sein			
Technische Zeichnungen lesen und erstellen			
Werkstoffe (Holz, Metall etc.) bearbeiten			
am Computer Pläne zeichnen			
Produkte herstellen und weiterverarbeiten			
in der Landwirtschaft arbeiten			
chemische Substanzen analysieren			
Summen der + und - eintragen			
Summe aus + und - eintragen Σ			

② Umgang mit Menschen

	Interessiert mich	Ist mir egal	Möchte ich vermeiden
Plus oder Minus eintragen	+		-
ein Referat halten			
Personen interviewen			
Kunden interviewen			
Mitarbeiter führen und anleiten			
mit Fremden ins Gespräch kommen			
über gesellschaftliche Fragen diskutieren			
die Meinung anderer geduldig anhören			
Verkaufsgespräche führen			
Vereinbarungen aushandeln			
Zeugen zu einem Ereignis befragen			
anderen eigene Ideen darstellen			
Summen der + und - eintragen			
Summe aus + und - eintragen Σ			

③ Wissenschaft und Forschung

Plus oder Minus eintragen	Interessiert mich +	Ist mir egal	Möchte ich vermeiden -
nachprüfbare Theorien entwickeln			
Sachverhalte exakt beobachten			
über lange Zeit an einem Forschungsproblem arbeiten			
Forschern und Wissenschaftlern assistieren			
wissenschaftliche Aufsätze und Forschungsberichte lesen			
an wissenschaftlichen Veröffentlichungen mitarbeiten			
im Labor experimentieren			
wissenschaftliche Daten auswerten			
in einem Forschungsteam arbeiten			
wissenschaftliche Versuche beobachten und kontrollieren			
Stoffe chem. und physikalisch analysieren			
Summen der + und - eintragen			
Summe aus + und - eintragen Σ			

④ Ordnen und Verwalten

	Interessiert mich	Ist mir egal	Möchte ich vermeiden
Plus oder Minus eintragen	+		-
Aufgaben nach Ablaufplan erledigen			
im Büro arbeiten			
Termine überwachen			
Tabellen und Listen führen			
verwaltende Aufgaben übernehmen			
konkrete Anweisungen beachten			
vorwiegend am Schreibtisch arbeiten			
rechtliche Vorschriften kennen + befolgen			
Formulareintragungen exakt überprüfen			
kaufmännische Korrespondenz erledigen			
Personalakten führen			
Summen der + und - eintragen			
Summe aus + und - eintragen Σ			

⑤ Kreative Tätigkeiten

	Interessiert mich	Ist mir egal	Möchte ich vermeiden
Plus oder Minus eintragen	+		-
Formen aus Gips, Ton oder anderen Materialien modellieren			
Arbeiten neu oder rationeller organisieren			
ausgefallene Mode entwerfen			
bei der Entwicklung künftiger Wohnformen mitwirken			
neue und originelle Produkte entwickeln			
Gebrauchsgegenstände funktionell ändern			
Kunstwerke betrachten und interpretieren			
Produktionsverfahren verbessern			
Inneneinrichtungen entwerfen			
energiesparende Verkehrsmittel entwickeln			
Bühnenbilder entwerfen			
Summen der + und - eintragen			
Summe aus + und - eintragen Σ			

⑥ **Soziale Aufgaben**

	Interessiert mich	Ist mir egal	Möchte ich vermeiden
Plus oder Minus eintragen	+		-
Probleme von Menschen erkennen + lösen			
sich für die Interessen benachteiligter Personen einsetzen			
in Not geratene Personen zur Selbsthilfe anleiten			
sozial benachteiligten Kindern bei Schulproblemen helfen			
Kranke und Verletzte pflegen und betreuen			
körperlich und geistig behinderte Kinder unterrichten			
Menschen in seelischen Krisen helfen			
Kinder und Jugendliche unterrichten			
das Zusammenleben von Menschen ordnen und erleichtern			
durch beruflichen Einsatz zum Wohlergehen anderer Menschen beitragen			
anderen Menschen zu ihrem Recht verhelfen			
Summen der + und - eintragen			
Summe aus + und - eintragen Σ			

⑦ Umgang mit Technik

Plus oder Minus eintragen	Interessiert mich +	Ist mir egal	Möchte ich vermeiden -
Funktionsweisen einer Solaranlage begreifen			
Baupläne studieren			
Schaltpläne entwerfen			
einen Computer professionell einsetzen			
die Technik einer HiFi-Anlage begreifen			
die Gas-, Wasser- und Stromversorgung eines Hauses planen			
den Aufbau eines Rechenzentrums kennen lernen			
technische Anlagen für ein Laboratorium entwickeln			
Energieversorgungsanlagen überwachen und warten			
Maschinen konstruieren			
elektronische Messungen durchführen			
Summen der + und - eintragen			
Summe aus + und - eintragen Σ			

⑧ Literatur, Kultur und Medien

	Interessiert mich	Ist mir egal	Möchte ich vermeiden
Plus oder Minus eintragen	+		-
bei einer Schülerzeitung mitarbeiten			
kurze und prägnante Nachrichtentexte verfassen			
literarische Themen erörtern			
ein kulturgeschichtliches Werk lesen			
in einer Bücherei stöbern			
eine Theaterkritik abfassen			
ein Reiseerlebnis schildern			
in einer Bibliothek arbeiten			
in einer Filmjury mitarbeiten			
eine Fernsehsendung moderieren			
die Entstehung und Entwicklung von Sprachen studieren			
Summen der + und - eintragen			
Summe aus + und - eintragen Σ			

Nach so vielen Fragen, können wir jetzt endlich die Ergebnisse auswerten. Dazu tragen wir die Summen der einzelnen Teilgebiete zur besseren Übersicht in die folgende Liste ein.

①	②	③	④	⑤	⑥	⑦	⑧

Jetzt wird jeweils aus zwei Teilgebieten die Summe gebildet. Die höchste Zahl zeigt uns Berufe an, die wir uns näher anschauen sollten, und von den Berufen mit den niedrigen Zahlen sollten wir die Hände lassen.

①+②=

Augenoptiker, Bankkaufleute, Versicherungskaufleute, Buchhändler, Kommunalbeamte, Finanzbeamte, Amtsärzte, Steuerberater, Wirtschaftsprüfer, Apotheker, Notare.

①+③=

Naturwissenschaftler, Ingenieure, Pharmazeuten, Mathematiker, Informatiker, Statistiker, Archäologen, Verwaltungswissenschaftler, Volkswirte, Soziologen.

①+④=

Archivare, Bibliothekare, Dokumentare, Verwaltungsbeamte, Bürokaufleute, Zahntechniker, Laboranten, Assistenten (naturw./med.), Bauzeichner, Technische Zeichner.

①+⑤=

Architekten, Raumplaner, Designer, Schauwerbegestalter, Goldschmiede, Raumausstatter, Bühnenbildner, Kostümbildner, Fotografen, Werbe- und Medienvorlagenhersteller, Mediengestalter Bild und Ton, Mediengestalter für Digital- und Printmedien.

①+⑥=

Angestellte/Beamte: beim Jugendamt, beim Sozialamt, beim Arbeitsamt, bei der Sozialversicherung, bei Gerichten, im Strafvollzug, Bildungsplaner, Meinungsforscher.

①+⑦=

Kraftfahrzeugmechaniker, Radio- und Fernsehtechniker, Ingenieurassistenten, Elektroniker, Mechaniker, Verkehrsflugzeugführer, Ingenieure, Informatiker, Wirtschaftsingenieure, Umweltschutztechniker, IT-Systemelektroniker, Fachinformatiker.

①+⑧=

Archivar, Bibliothekare, Dokumentare, Übersetzer, Fremdsprachenkorrespondenten, Restauratoren, Lektoren, Fachjournalisten, Kulturwissenschaftler, Medienwissenschaftler.

②+③=

Ärzte, Psychologen, Pädagogen, Hochschullehrer, Anthropologen, Humangenetiker, Philosophen, Publizisten, Soziologen, Kommunikationswissenschaftler.

②+④=

Arzthelferinnen, Bankkaufleute, Reiseverkehrskaufleute, Speditionskaufleute, Sozialversicherungsfachangestellte, Rechtsanwaltsgehilfen, Rechtspfleger, Warenkaufleute, Vollzugsbeamte.

②+⑤=

Ergotherapeuten, Maskenbildner, Sporttrainer, Kunst- und Musikerzieher, Kunst- und Musiktherapeuten, Journalisten, Dirigenten, Chorleiter, Museumspädagoge.

②+⑥=

Lehrer, Ärzte, Sozialarbeiter/-pädagogen, Erzieher, Altenpfleger, Ergotherapeuten, Richter, Polizisten, Krankenpfleger, Berufsberater, Psychologen, Psychotherapeuten, Krankenpfleger, Kinderkrankenpfleger..

②+⑦=

Augenoptiker, Hörgeräteakustiker, Orthopädiemechaniker, Radiologieassistenten, Assistenten für Funkdiagnostik, Medizinisch- Technische Assistenten, Zahnärzte, Radiologen, Chirurgen, Ingenieure Biomedizintechnik.

②+⑧=

Darstellende Künstler, Regisseure, Lehrer, Kulturpädagogen, Museumspädagogen, Kulturwissenschaftler, Dolmetscher, Literaturübersetzer, Pädagogen in der Erwachsenenbildung, Buchhändler, Medienpädagogen.

③+④=

Werkstoffprüfer, Biologisch-, Chemisch-, Physikalisch-, Medizinisch-, Pharmazeutisch-, Umweltschutz-, Technische Assistenten, Biologielaboranten, Chemielaboranten, Milchwirtschaftliche Laboranten.

③+⑤=

Theaterwissenschaftler, Literaturwissenschaftler, Historiker, Kunsthistoriker, Kulturwissenschaftler, Sprachwissenschaftler, Musikwissenschaftler, Designer, Archäologen.

③+⑥=

Professoren, Soziologen, Pädagogen, Forschungsmediziner, Psychologen, Psychiater, Humangenetiker, Anthropologen, Pharmakologen, Toxikologen.

③+⑦=

Maschinenbauingenieure, Elektroingenieure, Verfahrensingenieure, Bauingenieure, Werkstoffwissenschaftler, Ingenieure Luft- und Raumfahrttechnik, Ingenieure Systemtechnik, Ingenieure Biomedizinische Technik, Ingenieure Mikrosystemtechnik, Kernphysiker.

③+⑧=

Kommunikationswissenschaftler, Informationswissenschaftler, Journalisten, Publizisten, Philosophen, Philologen, Ethnologen, Medienwissenschaftler, Redakteure, Sachbuchautoren.

④+⑤=

Tischler, Frisösen, Konditoren, Schneider, Floristen, Raumausstatter, Schauwerbegestalter, Goldschmiede, Reprohersteller, Drucker.

④+⑥=

Krankenpfleger, Erzieher, Altenpfleger, Heilerziehungspfleger, Sozialversicherungsfachangestellte.

④+⑦=

Technische Assistenten, Elektroniker, Mechaniker, Zahntechniker, Werkzeugmacher, Uhrmacher, Hörgeräteakustiker, Orthopädiemechaniker, Technische Zeichner, Technische Beamte.

④+⑧=

Bibliothekare, Archivare, Dokumentare, Buchhändler, Antiquare, Bild- und Toncutter, Requisiteure, Restauratoren, Drucker, Buchbinder.

⑤+⑥=

Ergotherapeuten, Musiktherapeuten, Kunsttherapeuten, Erzieher, Sozialarbeiter/-pädagogen, Psychotherapeuten, Berufsberater, Sonderpädagogen, Lehrer.

⑤+⑦=

Forschungsingenieure, Architekten, Computergrafiker, Computerlinguisten, Drucker, Reprohersteller, Schilder- und Lichtreklamehersteller, Fotograf, Kommunikationsdesigner, Industriedesigner.

⑤+⑧=

Bildende Künstler, Darstellende Künstler, Lektoren, Kirchenmusiker, Verleger, Journalisten, Schriftsteller, Literaturkritiker, Kunstkritiker, Regisseure, Dramaturgen.

⑥+⑦=

Ingenieure Biomedizinische Technik, Umweltingenieure, M.T. Laborassistenten, M.T. Radiologieassistenten, Pharmazeutisch- Technische Assistenten, Präparationstechnische Assistenten, Hörgeräteakustiker, Orthopädiemechaniker, Zahntechniker, Zahnärzte.

⑥+⑧=

Lehrer, Theologen, Psychologen, Medienpädagogen, Museumspädagogen, Sachbuchautoren, Filmemacher, Ethnologen, Verleger, Dramaturgen.

⑦+⑧=

Sachbuchautoren, Ingenieure Theater- und Veranstaltungstechnik, Ingenieure Medientechnik, Toningenieure, Tonmeister, Kameraassistenten, Filmemacher, Technische Redakteure, Restauratoren, Bild- und Toncutter.

Literaturverzeichnis

Cameron, Julia, *The Artist's Way*
Dalai Lama, *Der Weg zum Glück*
Fritschi, Werner, *Voll gut drauf*
Glaubitz, Uta, *Der Job, der zu mir passt*
Gloger, Axel, *Millionäre*
Heiniger, Fritz, *100 Jahre Schweizerischer Verband für Berufsberatung*
Jackson, Michael Anthony, *Life Lessons from History's Heroes*
Jugend 2002, *14 Shell Jugendstudie*
Korte, Karl-Rudolf, *Deutschland Trend Buch*
Laotse, *Tao te King*
Matthews, Andrew, *Follow your Heart*
Miegel, Meinhard, *Die deformierte Gesellschaft*
Preciado, Navitel y Marina, José Antonio *Hablemos de la vida*
Schopenhauer, Arthur, *Wege zum Glück*
Wiseman, Richard, *The Luck Factor*
Zihlmann, René, *Berufswahl in Theorie und Praxis*

Über den Autor

1947-62	0-14 Jahre	Sorglose Kindheit in Dresden, Nürnberg und Fürth, Volksschule
1962-67	15-19 Jahre	Lehre als Heizungsmonteur, zwei Gesellenjahre, Abendkurse in Mathematik und Deutsch, aktiver Fußballspieler
1968-69	20-22 Jahre	Technikerschule Karlsruhe (staatl. geprüfter Heizungstechniker)
1970-73	23-25 Jahre	Ingenieurschule Berlin, Heizungs- und Klimatechnik (Ing.Grad.), Studienaufenthalte in Oxford, Cambridge, Paris, Amien und Tours
1973-76	26-28 Jahre	FH-Berlin, Architektur (Dipl.-Ing.) und TU-Berlin, Verfahrenstechnik (Dipl.-Ing.)
1977-82	29-35 Jahre	Altbaumodernisierungen in Berlin, mit 31 Jahren erster Versuch einer Weltreise
1983-87	36-40 Jahre	Fünfjährige Weltreise
1988-89	41-42 Jahre	Als Privatpilot in den USA und Kanada geflogen
1990-94	43-47 Jahre	3 Jahre Cannes und 2 Jahre USA 1. Buch: *MY TRIP, In five years around the world*
1995-03	48-55 Jahre	8 Jahre Flamencotänzer in Marbella, davon 3 Jahre professionell 2. Buch: *DIE GESCHICHTE DER NEUZEIT, 1492-2002*
2003-04	55-57 Jahre	3. Buch: *14-24 JAHRE.COM*
2005	57 Jahre	73 Vorträge an Gymnasien, Studien- & Berufsmessen, BIZ sowie in Jungendstrafanstalten im In- und Ausland gehalten
2006	58 Jahre	92 Vorträge an gleichen Stellen gehalten. Interviews für Radio und Zeitungen. Die Verkaufszahlen sind stark angestiegen.
Ziel	59-60 Jahre	Vortragsreisen und Hörbuch. Übersetzung des 3. Buches in verschiedene Sprachen